"十三五"国家重点出版物出版规划项目

"中国工业遗产故事"丛书

丛书主编　刘伯英　周大亚

重庆钢厂故事

黄河　李婕　著

南京出版传媒集团

南京出版社

图书在版编目（CIP）数据

重庆钢厂故事 / 黄河, 李婕著. -- 南京 : 南京出版社, 2019.10

（中国工业遗产故事丛书 / 刘伯英, 周大亚主编）

ISBN 978-7-5533-2644-3

Ⅰ. ①重… Ⅱ. ①黄… ②李… Ⅲ. ①炼钢厂 - 工厂史 - 重庆 - 青少年读物 Ⅳ. ①F426.31-49

中国版本图书馆CIP数据核字（2019）第181788号

丛 书 名 中国工业遗产故事
丛书主编 刘伯英 周大亚
书　　名 重庆钢厂故事
作　　者 黄 河 李 婕
出版发行 南京出版传媒集团
南 京 出 版 社

社址：南京市太平门街53号　　邮编：210016
网址：http：//www.njcbs.cn　　电子信箱：njcbs1988@163.com
天猫1店：https：//njcbcmjtts.tmall.com/　　天猫2店：https：//nanjingchubanshets.tmall.com/
联系电话：025-83283893、83283864（营销）　025-83112257（编务）

出 版 人 项晓宁
出 品 人 卢海鸣
责任编辑 崔龙龙 凌 霄
封面设计 张 淼
版式设计 王 俊
责任印制 杨福彬

制　　版 南京新华丰制版有限公司
印　　刷 江苏扬中印刷有限公司
开　　本 787毫米 × 1092毫米 1/32
印　　张 4.875
字　　数 85千
版　　次 2019年10月第1版
印　　次 2019年10月第1次印刷
书　　号 ISBN 978-7-5533-2644-3
定　　价 28.00元

天猫1店　天猫2店

编 委 会

总 序

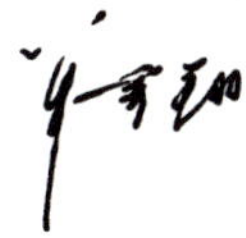

在众多的文化遗产中，“工业遗产”是一个年轻的类型。工业遗产是工业时代形成的遗产，自从18世纪60年代以蒸汽机为代表的第一次工业革命在英国爆发以来，工业文明虽然只有短短的三四百年历史，但在人类文明的发展史上，工业文明所创造的财富和对世界以及人类生活的影响，都远远超过之前几千年的总和。经过多年的开采、生产、运行，有些矿山、工厂、仓库、烟囱、管道、铁路、码头等已经失去了生产功能，但作为纪念物被保留了下来；同时还有些机器、车辆、工具、仪器、图纸、档案、照片、产品、服装等也一起保留下来，成为工业文明的历史见证和记录。

我们衡量文化遗产一般采用“历史、艺术和科学价值”这三大价值作为标准，而工业遗产在具有文化遗产的普遍特征的同时，还具有一些特殊的价值。一般来说，工业遗产具有历史、社会、建筑和科技、审美等多重价值。它与其他文化遗产的区别就是技术价值。工业遗产见证了科学技术对于工业发展所做出的突出贡献，表现在工厂矿山的选址规划、建（构）筑物的施工建设、机械设备的设计安装、生产工具的改进、工艺流程的设计布置和产品的更新等方面。从工业遗产中我们可以清晰地看到技术进步的脉络，其中既有创新、改进，当然也有失败或者弯路，这些都为后人提供了可供借鉴的经验或者教训。由于工业遗产可以直观地反映出人类社会发展的这一重要过程，工业遗产成为我们社会发展不可或缺的物证。

当你走进我国各地的博物馆，看到最多的是什么？是青铜器、陶瓷、丝绸、书画、金银玉器等精美的手工艺品，我国悠久的农业社会文明，为世界贡献了数不清、看不尽的文化瑰宝，使参观者瞬间满怀文化自豪感。从本质上说，这些都是农业时代的遗存，代表的只是我们国家在农业时代创造的文明、对世界文明发展的贡献。可是你却很少能够在我国博物馆中看到数量、规模能与上述这些农业文明时代的文化遗存相当的工业遗产。尽管工业时代是离我们最近的历史时期，工业文明创造了巨大财富，对世界以及人类生活产生了深远影响，但我们似乎忘记了给它在博物馆中留出应有的位置。

工业遗产对生活在当下或者未来的人有什么意义呢？我们说，工业遗产具有纪念、教育、文化或象征的意义。

我国工业化以来，形成了许多新的城市。例如，哈尔滨、长春、郑州、石家庄是火车轮子拉来的城市，上海、大连、青岛、秦皇岛是港口通航形成的城市，唐山、鞍山、玉门、大庆、平顶山、萍乡是矿山开采形成的城市。矿山、工厂、井架、火车头、港口是这些城市的历史符号，是老一辈人抹不去的记忆，很多家庭连续几代都在一家厂矿中工作，这些厂矿是城市的“源”，也是文化的“脉”，更是市民的“根”。

由于中国工业社会时代开始的时间晚于欧美，人们对工业遗产保护的认识需要一个接受的过程。随着城市化步伐的逐步加快，对工业遗产在拆与保、遗弃与利用之间存在着激烈的碰撞。这种碰撞不仅存在于个别地区，而且普遍存在于具有工业遗产资源的众多城市。近年来，我国伴随城市规划布局及产业结构的调整，过去的工业区大多变成了中心区,工业外迁的步伐加快,出现了大量的工业遗产。如何评估这些遗产并将其妥善保护、永续利用，已成为文化遗产保护领域一个极为紧迫的问题。

令人欣慰的是，许多具有远见卓识的地方政府，在大力推进当地经济社会可持续发展的进程中，重视工业遗产的保护，取得了令人称道的成绩。在对工业遗产保护逐渐形成共识的形势下，一批工业遗产得到了积极保护和合理利用。同时，我们也必须注意到，尽管近年来一部分工业遗产开始被列入保护之列，但是受法律保护的工业遗产项目仅占应纳入保护内容中的很小一部分。还有很多城市，特别是一些传统工业城市，还未将工业遗产保护纳入文化遗产保护范畴，还缺乏对工业遗产的总体评价和细致规划。

工业遗产的保护和利用需要公众的关注和参与。工业遗产的主人不仅是政府，每个人都是主人，只有当地居民自觉守护，才能保卫工业遗产的尊严，有尊严的工业遗产才有强盛的生命力。只有把工业遗产保护与城市文化建设，特别是与公众的生活紧密联系在一起，才能为工业遗产的保护与利用找到真正的根基，才能使工业遗产成为公众生活的组成部分，才能使工业遗产成为城市文化的内核与灵魂，也才能使城市成为工业遗产真正的家园。建设一个房地产项目，可以服务一个城市几十年，而保护好一个城市的工业遗产，或许会让一个城市受益上百年，同时也有助于提升市民的文化理念，使人们用辩证思维的方式去看待城市发展中的各种矛盾，平衡、协调、解决好各类问题。

感谢刘伯英教授等研究工业遗产的学者们，多年来为工业遗产的保护和利用开展了大量工作，使工业遗产引起了政府部门的重视。今天，他们又开拓了一片新领域，通过每一项工业遗产的详细说明与阐述，把我们的工业发展历史和其中有趣的人物、故事介绍给普通大众和青少年，引导更多的人，尤其是青少年群体对工业遗产产生兴趣，自觉地保护我们身边的工业遗产，这是一件利在当代、泽被千秋的好事。我非常愿意把这套丛书推荐给大家，特别是我们的青少年读者，为我们5000多年的文明史补上这极为精彩的一段，完整地看待一个悠久历史的民族，在艰难困苦中百折不回，从一个纯粹的农业国华丽转身成世界最重要的工业制造大国，树立起我们的民族自信。

单霁翔

（作者系中国文物学会会长、国家文物局原局长、故宫博物院原院长）

序 言

19 世纪，西方列强用坚船利炮打开中国大门的同时，也击碎了清朝统治者“天朝上国”的美梦。在清朝内外交困的局势下，林则徐、魏源、曾国藩、左宗棠、李鸿章等人，先后提出了“师夷长技以制夷”和“师夷长技以自强”的口号，主张学习西方列强的工业技术和商业模式，利用官办、官督商办、官商合办等模式发展近代工业。这当中，湖广总督张之洞创办的汉阳铁厂，在中国近代的政治、经济、军事和人文等诸多方面，都产生了深远的影响。

1894 年，汉阳铁厂投产。其兼采矿、开煤与炼铁三端，是中国历史上首次采用新式机械设备的钢铁联合企业。在当时的亚洲，即使是日本的八幡制铁所，到 1901 年才开始投产，比汉阳铁厂晚了七年。汉阳铁厂不仅开了中国近代钢铁工业的先河，也是亚洲第一家现代化钢铁联合企业。汉阳铁厂一度被称作“东亚第一雄厂”。

1937年7月7日，日军的枪声打破了卢沟桥夜晚的宁静。民族危亡、抗战军兴，为了保存中国仅存的钢铁工业，国民政府决定将汉阳铁厂拆迁至重庆大渡口。1938年3月1日，“钢铁厂迁建委员会”（以下简称“钢迁会”）成立。6月5日，钢迁会第一批拆卸下来的机器设备开始踏上漫漫西迁路。他们躲轰炸、斗险滩，最后成功地将数万吨的器材运送到大渡口新厂址。1938年6月，大渡口钢铁厂开始动工建设，加上钢迁会附属南桐煤矿、綦江铁矿、綦江水道运输处等单位的先后投产，钢迁会成为后方最大的钢铁联合企业。

1949年3月1日，钢迁会改番号为第二十九兵工厂。新中国成立后，二十九兵工厂也得到了重生，改名为西南工业部第一〇一厂。一〇一厂克服重重困难，圆满完成了新中国第一条铁路的钢轨供给任务。1955年2月，一〇一厂、西南钢铁公司两家企业合并，简称“西南钢铁公司”。1955年4月，西南钢铁公司改称“重庆钢铁公司”。改革开放后，重庆钢厂先后成为国家企业集团试点、现代企业制度试点和循环经济试点单位，在全国率先实行了厂长（经理）负责制、自筹资金技术改造等多项改革，为国有企业改革探索总结了很多宝贵经验。2006年底，重钢根据国家产业政策、重庆市城市规划以及自身发展需要，启动“环保搬迁”发展战略，选址重庆市长寿区，为建设中国最大的船用钢基地而奋斗。

2007年，重钢集团正式启动环保搬迁。搬迁后，除型钢厂生产车间和5号高炉作为工业遗产保留外，其余厂房全部拆除。2013年，型钢厂生产车间作为钢迁会保留下来的唯一旧址，成为全国重点文物保护单位。2018年，重钢入选由中国科协调宣部主办，中国科协创新战略研究院、中国城市规划学会承办的“中国工业遗产保护名录”。

从汉阳铁厂到重钢集团的百年历程，不仅是近代中国坎坷奋斗的缩影，也是近代中国钢铁创业者坚定不移的爱国情怀与坚忍不拔的奋斗精神的写照。汉阳铁厂与重钢集团在中国钢铁工业史上留下的辉煌篇章，必将激励着一代又一代的年轻人书写新的历史！

目　录

一 “中国钢铁之父”的梦想与实践

历史上，西方钢铁生产技术曾长期落后于中国。在17世纪以前，无论是炼铁、炼钢、钢铁加工技术，还是钢铁产量的综合数据比较，中国均不逊色于西方国家。但是，18世纪中期的工业革命改变了这一状况。钢铁生产是受工业革命影响最大的工业部门之一。当时，西方出现了一批致力于冶金工艺的技术发明家，他们在生产实践中，不断摸索，百折不挠，为近代钢铁冶金工业开辟出一片广阔的天地，也逐步拉开了中西钢铁工业之间的差距。

两次鸦片战争将中西间的差距暴露出来。西方列强用坚船利炮不仅打开了中国的大门，也击碎了清朝统治者“天朝上国”的美梦。面对千年未有之大变局，清政府中一些富于变革精神的官员从19世纪60年代开始，以“自强”“求富”相号召，提出“师夷”的主张，开始了中国最早的工业化努力——洋务运动。

洋务运动早期，清政府出于对武器生产的重视，兴建了一大批的兵工企业。但是，只注重武器生产、忽视发展与武器生产息息相关的钢铁工业，只能是“头痛医头，脚痛医脚”，致使清廷不得不长期从外国进口钢铁。这样既耗费了大量的金钱，同时也对国防安全构成了威胁。作为工业化过程中最基本的材料，钢铁资源的开发利用逐渐受到社会有识之士的关注。

◎**小贴士**

洋务运动：洋务泛指与西方资本主义国家有关的一切事务，诸如外交、通商、传教，以及输入武器、机器和科学技术等。洋务运动中所兴办的“洋务”，则专门指引进西洋武器、机器生产和科学技术等，从事上述活动的官员被称为“洋务派”。洋务派在中央官吏中以总理衙门大臣、恭亲王奕䜣，大学士桂良，户部侍郎文祥等为代表，在地方以两江总督曾国藩、闽浙总督左宗棠、直隶总督李鸿章以及后起的湖广总督张之洞等为代表。他们继承了林则徐、魏源的“师夷长技以制夷”的思想，以“中学为体、西学为用”为宗旨，逐步形成了举办洋务的热潮。

潘霨兄弟创办钢铁厂的尝试

汉阳铁厂成功创办之前，奋发图强的中国人在 19 世纪 80 年代进行了创办钢铁企业的尝试。严格说来，中国第一家钢铁厂应是由潘霨主持创办的青溪铁厂。1885 年 12 月，时任贵州巡抚的潘霨上奏清廷，认为各省机器局及轮船、兵器制造等对煤、铁的需求量甚大，而贵州的煤铁资源十分丰富，于是请求开采。得到朝廷批准后，潘霨于次年 4 月设立贵州矿务总局，并委任他的弟弟潘露负责总局事务。经潘露勘察，最终将铁厂厂址选在青溪县之小江口。同时，筹集资金，委任潘志俊向德国塞德厂订购机器设备。

建设中的青溪铁厂

铁厂开工前后，遇到了难以想象的困难。首先是交通不便。青溪地处贵州山区，十分闭塞。虽然青溪县毗邻湖南，有水路可通，但是水位过低，航行不便。其次是筹资不易，经费紧张。直到1890年7月，潘霨才奏称青溪铁厂告成。铁厂分炼铁、炼钢和轧钢三部，一昼夜可得铁4万余斤（约24吨），固定工人近千人，另有采矿及运输临时工约5000人。

青溪铁厂建成后不久，总理建厂及生产事宜的潘露因积劳成疾而病故。这一变故使得铁厂一度无人管理，只能停工，甚至动了变卖机器厂房的念头。后来由潘霨奏请，于1890年底改由曾彦铨接办。曾彦铨接手后，向德国泰来洋行借款30万两，但是也未能扭转局势。次年，青溪铁厂完全停产。

张之洞的钢铁梦想与实践

1881年，张之洞开始任山西巡抚，这是他第一次充任封疆大吏。山西的传统冶铁业非常发达。张之洞主政山西时，对铁政十分关注。他逐渐意识到钢铁工业对强国富民的重要作用，萌生了在山西设立炼铁厂的打算，但由于机器和产品的运输问题而未能实现。

1883年底，中法交战，张之洞出任两广总督，亲身体验了近代工业武装下的铁舰巨炮的威力。他在采办军火的过程中，切身感受到钢铁依赖进口对中国的严重制约，痛定思痛，更加坚定了兴建中国自己的钢铁企业的决心。

张之洞

随后，张之洞开始积极筹办炼铁厂。1889 年春，张之洞正式实施了筹划多年的建厂计划。他委托中国驻英国公使刘瑞芬购买英国谛塞得公司高炉两座，以及炼熟铁、炼钢、压板、抽条等设备，准备在广州建设新式炼铁厂。1890 年春，薛福成接替刘瑞芬担任英、法、意、比四国使臣，铁厂大部分设备均由其与英国、比利时厂商交涉购定。

◎**小贴士**

张之洞（1837—1909）：字孝达，号香涛，是晚清洋务派的代表人物之一。张之洞祖籍直隶南皮，出生于贵州兴义府。1852 年，16 岁的张之洞中顺天府解元；1863 年，27 岁时中进士第三名探花。张之洞一生极富传奇色彩。在 19 世纪 80 年代之前，张之洞从未涉足洋务活动，而以清流干将的身份名动京师。后外调地方，历任山西巡抚、两广总督、湖广总督。

1889 年 11 月，张之洞交卸两广总督职务，接湖广督篆任事。新任的两广总督不愿接办在广东建厂炼铁的差事，以广东铁矿资源不足、财政困难等为理由，上奏要求广州炼铁厂移地开设。张之洞不愿意他苦心孤诣的建厂计划就此流产，随后同意将铁厂转移到湖北，并把在广东期间聘请的外国技师等陆续调任湖北。1890 年 6 月 3 日，张之洞在武昌成立铁政局，委派湖北布政使、按察使、盐粮道和候补道蔡锡勇总办局务，负责铁厂机器采购、厂房建设、采煤、开矿等工作。汉阳铁厂的创建工作轰轰烈烈地开始了。

汉阳铁厂的诞生

铁厂的最终厂址选定汉阳县大别山下。这里北滨汉水、西临长江，交通十分便利。1891 年 1 月，铁厂正式动工兴建，各分厂历时三年陆续建成，其中包括生铁厂、贝色麻铁厂、熟铁厂、西门士钢厂、钢轨厂、铁货厂等六个大厂和机器厂、铸铁厂、打铁厂、鱼片钩针厂、打铜厂、翻砂厂、木模厂、锅炉厂等八个小厂。汉阳铁厂机器设备则主要购自比利时，工程技术人员 40 多人分别聘自比利时、英国和德国，总工程师亨利 · 贺伯生（Henry Hobson）是英国人。为培养本国人才，张之洞还于 1893 年选派华人工匠 20 名到比利时学习一年，回国后充当技术骨干。

汉阳铁厂的外籍技工

铁厂原定于1894年2月15日开炉。由于各种原因，直到6月28日，1号高炉才举行试产典礼，生火开炼。6月30日，高炉正式出铁，日出铁量为50余吨，有时达六七十吨。当天，上海各大西方媒体对此事纷纷进行报道。

炼铁必须要有铁矿石和煤炭。在创办汉阳铁厂的同时，张之洞决定开采大冶铁矿。大冶毗邻长江岸边的黄石港。张之洞曾聘请了一支由德国人组成的探矿队前往勘查，结果发现这里的铁矿蕴藏丰富。据估计：若每年开采1万吨，可供开采两千年。同时，矿石含铁量高，可达64%。这一发现让德国政府垂涎不已，他们竟与总理衙门交涉，要求

汉阳铁厂竣工投产

◎小贴士

高炉炼铁：炼铁是指将金属铁从含铁矿物中提炼出来的工艺过程。高炉炼铁是现代炼铁的主要方法，其过程较为复杂。炼铁时，将铁矿石、焦炭和石灰石按一定比例加入高炉中，被热风炉加热过的大量富氧空气从进风口吹入高炉，使焦炭燃烧生成二氧化碳，二氧化碳再与上层炽热的焦炭反应还原成一氧化碳。一氧化碳从炉顶进入并与不断下降的铁矿石发生反应。其中铁的氧化物逐步被还原成液态的铁，俗称铁水。被还原出来的液态铁积累到一定程度后，由炉底放出。而炼铁时加入的石灰石是起造渣作用的，使炉渣与铁水分离。不过，高炉冶炼出的铁并不纯，还含有少量的杂质，因此被称为生铁。

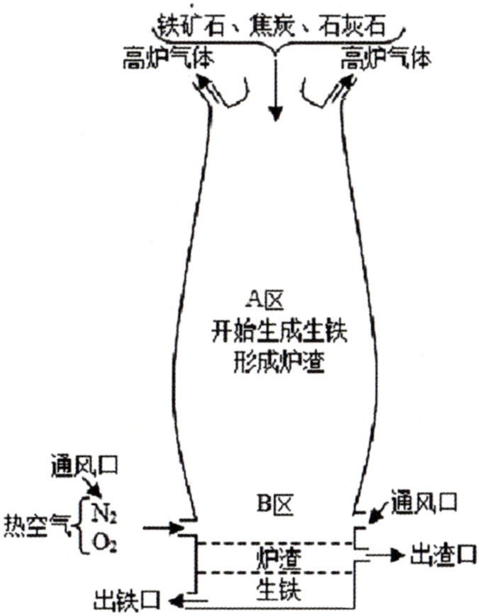

高炉炼铁示意图

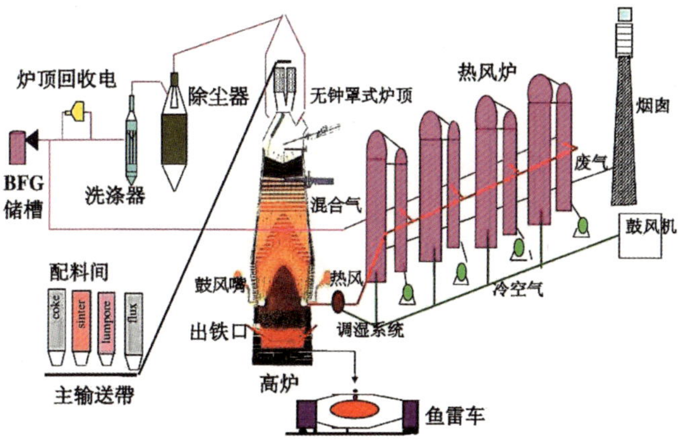

高炉炼铁作业流程图（图中英文“BFG”指高炉煤气）

获得大冶铁矿的开采权，但被张之洞断然拒绝。

一百多年前，在贫穷落后的中国，张之洞能创办一个有相当规模的钢铁联合企业，无疑是很有魄力的壮举。可以说，汉阳铁厂的建成，张之洞为第一大功臣。张之洞为了建厂殚精竭虑，特别在筹集经费、寻找矿藏、购置机器和寻觅人才等方面都做出了重大的贡献，起到举足轻重的作用。此外，张之洞还为铁厂争取到长期免税、钢轨专营等多项优惠政策。张之洞无愧“中国钢铁之父”的称号。

二 “亚洲第一雄厂”的辉煌与危机

世人对汉阳铁厂的赞誉

张之洞筹办汉阳铁厂时，无论是在设备上，还是在技术上，都向当时的国际一流水平看齐，汉阳铁厂也自然无可争议地成了当时中国最大、最先进的钢铁厂。不仅如此，

汉阳铁厂全景

汉阳铁厂还是亚洲第一家，一度也是最大的一家钢铁联合企业。

张之洞自己曾在奏折中说：“湖北铁厂兼采矿、炼铁、开煤三大端，创地球东半面未有之局。”他的话没有丝毫的夸张。在当时的亚洲，即使是已经走上资本主义发展道路的日本，都还没有现代化的钢铁联合企业，更不要说南洋各国和印度等地了。日本的八幡制铁所直到 1901 年才投产，比汉阳铁厂晚了七年。汉阳铁厂不仅开创了中国近代钢铁工业的先河，也是亚洲第一家现代化钢铁联合企业。

汉阳铁厂的建成投产轰动一时，西方人士将此视为中国觉醒的标志，纷纷惊呼“黄祸将至”。铁厂建成后，一批又一批的外国人前来参观，对汉阳铁厂规模之大、装备之精、工匠之巧都留下了深刻的影响。早在铁厂建设之时，第一位访问中国的俄国皇太子尼古拉就参观了建造中的汉

◎小贴士

八幡制铁所：八幡制铁所是第二次世界大战之前日本最大的官营钢铁厂。该厂设立在日本福冈县八幡市，于 1897 年成立，1901 年投入生产。1934 年，根据日本议会通过的法案，合并釜石、三菱、轮西、富士、九州等制铁公司，组成日本制铁公司，成为日本军需工业的骨干。1948 年，分为八幡制铁和富士制铁两个公司，1970 年，两厂再度合并成为新日本制铁公司。

阳铁厂。1891 年的《字林西报》引用了尼古拉的“原话”：汉阳铁厂是亚洲第一钢铁企业。美国驻汉口领事查尔德参观汉阳铁厂后写道：“这个工厂是完善无瑕的，而且规模宏大，走马观花地参观一下，也要几个钟头。”

《东方杂志》刊载西人对汉阳铁厂的评价：“汉阳铁厂之崛起于中国，大有振衣千仞一览众山之势，证诸领事之报告，吾人预知其不可量矣。中华铁市，将不胫而走各洋面，必与英美两邦，角胜于世界之商场，其关系非同毫发，英美当道，幸勿以幺幺视之……呜呼！中国醒矣，此种种费祸，较之强兵劲旅，蹂躏老羸之军队尤可虑也。”

日本人参观后也对汉阳铁厂赞不绝口：“（汉阳铁厂）登高下瞻，使人胆裂；烟囱凸起，矗立云霄；屋脊纵横，

汉阳铁厂高耸的烟囱

汉阳铁厂专门运铁砂的码头

大冶铁矿狮子山矿区

密如鳞甲；化铁炉之雄杰、碾轨床之森列，汽声隆隆，锤声丁丁，触于眼帘、轰于耳鼓者，是为20世纪中国之雄厂耶！”

繁荣背后　危机四伏

汉阳铁厂在1894—1895年中，每年钢铁产量5000余吨，是当时中国全部钢铁产量的唯一来源。但是，在汉阳铁厂一派繁荣景象的背后，却潜伏着巨大的危机，面临着严峻的挑战。

汉阳铁厂的第一个危机是产量过低、亏损严重。按张之洞的估算，铁厂如果发挥全部产能，每年可产精钢、熟铁3万吨。然而，事与愿违，铁厂生产事实上从来没有达到过这个指标，号称亚洲第一的汉阳铁厂只有区区5000吨的年产量。导致这一结果的原因主要是产品质量低劣，销售不畅。这样，更致使铁厂亏损严重。

第二大危机则是焦炭供应紧张。一般来说，钢铁厂的高炉一旦点火开炉，每日就需要焦煤数百吨，且日夜不停。铁厂开炉之初，焦炭的供应主要有二：一是向英、比、德、日等国购买部分焦炭，二是依靠开平煤矿供应。然而，进口焦炭不仅价格高昂，还支付不少运费，无形中增加了铁厂的生产成本；而开平煤矿的产量有限，焦煤的供应远不够铁厂使用。原料不足使得铁厂在1895年12月5日不得不封炉停工。张之洞不得不另觅良煤。他曾对马鞍山寄予厚望，但马鞍山煤矿也难以确保铁厂需要。焦煤供应的不足使得高炉运行时断时续，难以保障正常的生产。

第三大危机是经费紧张。在耗费巨资完成铁厂的建设后，张之洞仍不得不继续筹集大量资金维持日常经营。一方面销售不畅、资金难以回笼，一方面又须耗费巨资购买焦煤。加上铁厂管理混乱，人浮于事，靡费惊人，汉阳铁厂就如同一个吸金的无底洞，投入再多资金，转瞬即消耗殆尽。甲午战后，巨额的赔款使得清政府无力再向汉阳铁厂投入资金，致使铁厂的经营日益困难。

第四大危机是洋商的削价竞争。汉阳铁厂投产后，根基未稳、困难重重，洋商如太古、怡和等为了在竞争中占据优势地位，使用削价的方式打击汉阳铁厂，给其造成了空前的外部压力。

张之洞筹谋招商承办

面对铁厂遭遇的挫败与困难，张之洞开始积极筹谋出路。鉴于清廷已经不能继续拨款，张之洞便想要仿照西方，将铁厂改为商办，试图解决铁厂的资金问题。

其实，张之洞想要把汉阳铁厂招商承办的想法由来已久。早在 1892 年 12 月，张之洞在给李鸿章的函件中就提出了招商督办的想法。随着铁厂所需经费越来越多，清政府也萌生了将铁厂改归商办的想法。1895 年 8 月，清政府发布上谕，要求将汉阳铁厂招商承办。

一开始，张之洞的打算是将铁厂包给洋人。这一消息不胫而走，对铁厂觊觎已久的外国钢铁商人接踵而至。他们先后来到湖北，有的洋商表示愿意以 500 万两附股合办。铁厂计划包给洋人的消息传出后，举国哗然。中国人对于甲午战败的耻辱仍历历在目，怎么可能让外国人如此轻易地夺走中国唯一的钢铁厂！一时间，全国反对之声四起，湖南巡抚陈宝箴还专门致电张之洞，表示反对。

为了减轻内外压力，张之洞不得不尝试由华商来承办铁厂。但是，铁厂耗费甚巨，大多数的华商并不具备承办的经济实力。如提出愿意承办铁厂的刘鹗，声称自己拥有资产 1000 万两，结果经上海江海关调查，其所言完全虚诞。还有许应锵，自称在旧金山和南洋等地招集华股 700 万两，而据旧金山领事调查，当地华商根本没有入股。华商承包铁厂一事屡现乌龙，一时间俨然成了一场闹剧。

张之洞开始把目光投向富甲天下的经商奇才盛宣怀身上。盛宣怀曾担任清政府直隶津海关监督，随着洋务运动兴起，他先后担任过多家企业的主要负责人，如上海机器织布局商总办、上海电报局总办和招商局帮办等，有着丰富的近代企业的经营管理经验。张之洞认为盛宣怀是中国官员中少有的通官通商通洋务的人才，是最适合接办铁厂的人选。

盛宣怀入主汉阳

盛宣怀

涉足钢铁工业建设是盛宣怀长久以来的梦想。光绪初年，盛宣怀经办湖北开采煤铁总局时就有建设钢铁企业的计划，但因种种原因一直未能实现。张之洞在筹办汉阳铁厂时，时任山东登莱青道的盛宣怀就十分热心。他曾赴沪与张之洞晤商建厂事宜，为铁厂选址等提供建议，还推荐人员赴湖北勘察矿藏。汉阳铁厂拟招商承办的消息传出后，盛宣怀密切关注事态进展，还专门通过湖北按察使恽祖祁向张之洞转达了对汉阳铁厂招商合办的兴趣。

1896 年 4 月，张之洞邀请盛宣怀参观汉阳铁厂，随后又与其赴大冶、马鞍山考察。这次会晤之后，张之洞下定决心将汉阳铁厂交于盛宣怀接办。一个月后，他委托盛宣怀督办汉阳铁厂。1896 年 5 月 24 日，盛宣怀以督办身份正式接办汉阳铁厂，汉阳铁厂由官办改为官督商办。盛宣怀也迎来其洋务事业的巅峰时期。

三　汉冶萍时代的到来

汉阳铁厂的改革

盛宣怀接办汉阳铁厂后，从轮船招商局、电报局及银行、纺织公司等商办公司筹集大量资金，对汉阳铁厂进行了一系列大规模的扩建与改革。

盛宣怀接办汉阳铁厂 8 天后，就委任郑观应担任汉阳铁厂总办一职。郑观应接手后，首先着手解决了铁厂燃料紧缺的问题。经郑观应建议，铁厂委派矿师马克斯赴萍乡勘察煤层、煤炭运道情况。1896 年底，马克斯提交勘探报告，认为萍乡地区的煤炭资源量多质优，可供机器开采。1898 年春，盛宣怀正式奏准开办萍乡煤矿，并修建运矿线路。经过不懈努力，煤矿建设取得巨大成功。到 1903 年时，萍乡煤矿供应铁厂使用的焦炭已经绰绰有余。同时，自炼

萍乡煤矿全景

萍乡煤矿运输便道

焦炭的价格比进口焦炭低三分之一，极大地降低了汉阳铁厂的生产成本。

李维格和外籍工程师欧仁・吕柏

燃料问题解决后，汉阳铁厂的产品质量问题就成为亟待解决的难题。当时铁厂生产的钢轨容易脆裂，以致用户抵制，销路不畅。这让盛宣怀十分不解：同样的机器设备、同样的煤和铁砂、同样的技术，为什么洋人生产的产品就是优质的，而汉阳铁厂的就不行呢？为了解决这一问题，1904 年，盛宣怀委任李维格出洋考察铁政。李维格早年留学英国、美国和日本，精通英文、法文，知识渊博，而且办事认真，作风踏实。

李维格认为，铁矿石和焦炭是铁厂的两个关键原材料，因此应当将其带往国外进行化验。李维格在英国伦敦拜访了当时的化学名家梭德。经过化验，李维格才知道，原来炼钢有酸法和碱法之分。汉阳铁厂所用的贝塞麦转炉炼钢是一种酸性炼钢法。大冶铁矿的铁矿石含磷，酸法炼钢并不能除去其中的磷，因而炼出的钢容易发生脆裂，而马丁炉能去掉铁矿石中的磷，因此能产出质量上乘的好钢。李维格这次出洋考察，终于解决了困扰汉阳铁厂十几年的难题，李维格于是提出购买新设备、改造炉座的建议。盛宣怀接受了李维格的建议，并委任他为汉阳铁厂总办，全面负责铁厂的改建、扩建工作。

1905 年 11 月，汉阳铁厂的扩建工程开工。全部工程包括兴建 477 立方米高炉（3 号高炉）1 座，拆除原有的 2 座贝塞麦酸性转炉，用 4 座 30 吨碱性马丁平炉代替，并暂时保留 10 吨小马丁炉。1913 年，汉阳铁厂又开始进行

◎小贴士

转炉、平炉、电炉炼钢技术：1856 年，英国人贝塞麦通过向熔融状态的生铁水中吹入空气，使铁水中的碳和其他杂质发生氧化反应，得到低碳可锻的钢，此即著名的“贝塞麦转炉炼钢法”。1864 年，法国人马丁和德国人西门子同时宣布发明平炉炼钢技术。该技术利用蓄热室的火焰炉，用废钢、生铁炼出钢液，被称为“马丁炉炼钢法”，也称“西门马丁炼钢法”。但是，这两种炼钢技术都无法解决伴生的含磷问题。1877—1879 年，托马斯在冶炼时投入石灰从转炉中去除磷质，此即碱性转炉炼钢法。1898 年，意大利人斯达塞诺取得在电弧炉内直接用铁矿石炼钢的专利。从经济成本考虑，电弧炉主要用于炼钢，特别是高质量的合金钢。

3 号高炉施工现场

1909 年，美国地质学家张伯林拍摄的汉阳铁厂 3 号高炉

新一轮扩建，兴建了477立方米的高炉（4号高炉）1座，30吨平炉1座，于1917年完工。

汉冶萍公司的诞生

汉、冶、萍三大厂经过改良整顿，到1907年逐渐显示出其发展潜力。汉阳铁厂钢铁产量大大提高，成本大幅度降低。虽然厂矿的生产状况较以前有了巨大改观，但财务状况仍旧不容乐观。为了筹措资金，1908年初，盛宣怀

汉冶萍公司总务处大楼

汉冶萍公司徽章

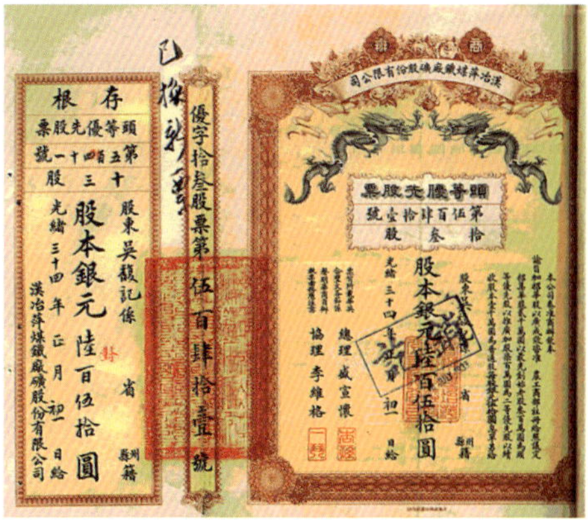

1908 年，汉冶萍公司股票

与湖广总督赵尔巽向清廷联合启奏，拟将汉阳铁厂、大冶铁矿和萍乡煤矿合并组成“汉冶萍煤铁厂矿有限公司”，预定招股 2000 万银元。3 月，汉冶萍公司在农商部注册，3 月 13 日，清廷谕旨：“著责任盛宣怀加招华股，认真经理，以广成效。”至此，汉冶萍公司正式宣告成立。

从此以后，汉阳铁厂改为完全的商办公司。其在汉口、上海设立办事处，其码头、栈房设在汉口、武昌、大冶、萍乡、株洲、韶山、长沙、岳州，在上海、镇江、江宁（今南京）、芜湖、九江等处均设有分销处所。汉阳铁厂管理机构也随之改变，将督办改为经理，总办改为协理。盛宣怀出任第一任经理，李维格出任协理。

1909 年，盛宣怀在第一届股东大会上提议，在长江边再建一座铁厂，专门冶炼生铁。1911年，辛亥革命爆发，大冶建铁厂的计划被搁置。到1917年，大冶铁厂在西塞山脚下开始筹建，经过5年时间基本建成，建厂时从美国订购了800立方米、日产生铁450吨的高炉两座，这是当时全国最大的高炉，引起很大震动。由于正值第一次世界大战，影响了高炉的交货时间，到1922年，1号高炉才投产。可惜，没生产几天就停产了。1923年，2号高炉开炉，因焦煤不足，于1925年也被迫停产了。

日本觊觎汉冶萍

日本对汉冶萍公司垂涎已久。在当时，汉冶萍公司是亚洲最大的新式钢铁联合企业，职工7000多人，年产钢近7万吨、铁矿50万吨、煤60万吨，占清政府全年钢产量的90%以上。由于汉冶萍公司是清政府唯一的新式钢铁联合企业，该公司实际上控制了清政府的重工业，因此，日本帝国主义对汉冶萍公司早有吞并之心。

另一方面，由于日本是个铁矿资源极度匮乏的国家，其国内铁矿石的产量只能满足需求量的十分之一，因此盯上了大冶铁矿。日本专驻大冶铁矿的代表曾经表示：大冶铁矿矿石蕴藏丰富、品质优良，是一座很有希望的矿山。1899年4月，盛宣怀与八幡制铁所签订了《煤铁互售合同》，

汉冶萍煤铁公司大冶钢铁厂

同意日本购买大冶铁矿矿石，拉开了日本人染指大冶铁矿的序幕。

盛宣怀准备扩建汉阳铁厂时，因耗费甚巨，建设经费一时无着。日本得知消息后，表示愿意低息贷款300万日元给盛宣怀，条件是将铁厂所有矿山作抵押，用大冶铁矿的矿石偿还，分30年还清。在政府、民间资金筹措无着的情况下，1904年，盛宣怀与日方签订了《大冶预借矿价合同》，借款300万日元用于引进30吨平炉等设备。1913年，同样为了解决资金问题，盛宣怀于12月主持签订了向日本借款1500万日元的合同，用铁矿石1500万吨、生铁800万吨分40年偿还。1915年，日本决定抓住这一机会，在其提出的旨在灭亡中国的“二十一条”中，要求把汉冶

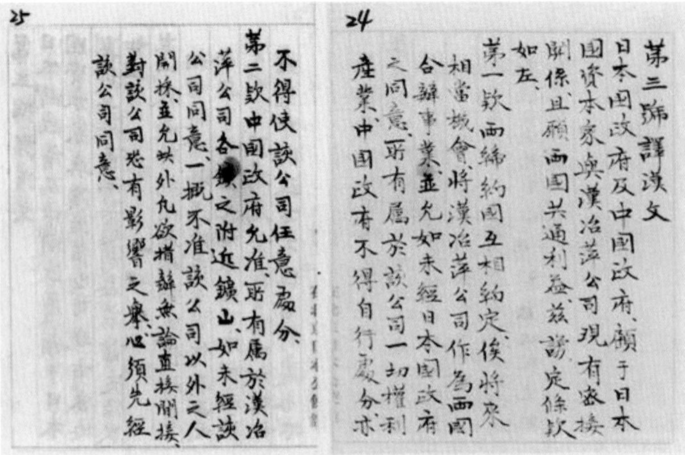

24

第三號譯漢文

日本國政府及中國政府、顧于日本國資本家與漢冶萍公司現有密接關係、且願兩國共通利益、茲訂定條款如左、

第一款 兩締約國互相約定、俟將來相當機會、將漢冶萍公司作為兩國合辦事業、並允如未經日本國政府之同意、所有屬於該公司一切權利產業、中國政府不得自行處分、亦

25

不得使該公司任意處分、

第二款 中國政府允准、所有屬於漢冶萍公司各礦之附近礦山、如未經該公司同意、一概不准該公司以外之人開採、並允此外凡欲措辦無論直接間接、對該公司恐有影響之舉、必須先經該公司同意、

“二十一条”中关于汉冶萍公司的条款（译文）

萍公司改为中日合办，中国不得自行处理，附近矿山不准公司以外之人开采。这样，日本实际上已经完全操控了中国这家当时最大的钢铁企业。

四 日军燃袭——钢铁厂迁建委员会临危受命

钢迁会的成立

钢铁工业一向被称为作战力的标志。在两国对战中，钢铁能否持续供应战备，影响整个国家的战争能力。日军深谙钢铁工业的重要性，早在抗日战争全面爆发之前，就牢牢控制了位于东北的本溪湖钢厂。抗日战争全面爆发后，华北等地的钢铁厂相继陷入日军之手。卢沟桥事变后，日军还未进入北平城，就抢先派重兵占领了石景山钢铁厂，后将该厂改名为“石景山制铁所”，由日本兴中公司接管。同年 11 月，太原沦陷，日军旋即侵占了尚未投产的西北炼钢厂。日军同时封锁了中国的出海口，致使进口困难，一时之间，国内钢材、生铁奇缺。国民政府方面，虽然其于 1937 年初在湖南湘潭准备兴建一个年产 30 万吨优质钢

本溪湖煤铁公司全景

◎小贴士

本溪湖煤铁公司：是日本侵略者在中国建立的第一个具有采煤、炼焦、铁矿开采、炼铁、炼特等钢的大型现代化联合企业。1905年11月，日本大仓财阀向驻辽阳的日本殖民机构——关东总督府提出开采本溪湖煤田的申请。12月18日，日本关东总督府以采煤供应军用为条件，批准了大仓财阀在本溪建矿采煤的申请，大仓财阀正式侵占了本溪湖煤田，建成了所谓“本溪湖大仓煤矿”。在日本军政当局的支持下，大仓财阀从日本订购机械设备，挖掘矿山。1910年将煤矿改为中日合办，设立本溪湖煤矿有限公司从事开采，有效期为30年，实际为日方掌握。1911年，公司增设炼铁部，并办庙儿沟铁矿，改称本溪湖煤铁有限公司。

日伪控制的石景山炼钢厂

材的中央钢铁厂，然而由于“七七”事变后战事扩展迅速，湖南、安徽很快面临日军威胁，建设计划被迫放弃。

抗日战争全面爆发后，国民政府军政部以前方抗战需要为名接收了汉阳铁厂，计划重新开炉炼钢以供军用。然而计划赶不上变化，武汉形势的日益严峻使得汉阳铁厂呈现岌岌可危的态势，铁厂西迁的方案逐渐被提上议事日程。1938 年 2 月，蒋介石颁发手令，要求汉阳铁厂限于当年 3 月底迁移完毕。此事说起来容易做起来难，要拆卸曾经“亚洲第一雄厂”的汉阳铁厂的机器设备并非易事。国民政府经济部长翁文灏和兵工署署长俞大维详细考察了铁厂并进行了初步估算，认为拆卸工作至少需要 3 个月的时间，并需要成立专门的机构负责此项工作。2 月 14 日，翁文灏和俞大维联合呈请蒋介石，建议由经济部和兵工署联合成立钢铁厂迁建委员会（以下简称“钢迁会”）主持办理汉阳铁厂的迁建事宜。3 月 1 日，经过蒋介石批准，钢迁会正式成立，由兵工署制造司司长杨继曾兼任主任。

钢迁会会徽

拆卸设备的困难

钢迁会的任务是迅速有效地拆迁汉阳铁厂及武汉附近其他各钢铁厂的机器设备。但是铁厂的拆迁工作并不顺利，面临着三大难题。首先是机器陈旧，拆卸不便。汉阳铁厂由于停工多年，大部分机器、炉座等都已经陈旧不堪，甚至多被腐蚀，零部件的缺损问题严重。这种情况使得就地修复都难上加难，更别说拆卸后运输到千里之外的重庆再重新组装使用。当时，参与汉阳铁厂拆迁的专家们大多认为这是一项不可能完成的任务。第二大难题更为严峻。因为汉阳铁厂的机械设备大都是进口货，建厂安装都是由外国工程师一手包办完成的，我国的工程技术人员只有极少数参与其中。时过境迁，到 1938 年时，几乎已经找不到当时参与安装的人员了。第三个困难来自日军的轰炸。1938年4月至7月间，拆卸中的汉阳铁厂遭到日军轰炸，工人死伤惨重，炼铁炉、炼钢炉、动力机件等都不同程度受损。这样危险的外部环境，对汉阳铁厂的拆卸工作十分不利。

面对困难，钢迁会没有退缩。他们采取了各种办法，将挡在汉阳铁厂拆迁工程面前的难题一一破解。钢迁会首先广泛地组织流散在各地的工程技术人员参与拆卸工作，从湖北、湖南、上海、香港等地搜罗到了很多经验丰富的技术专家。这些专家主要分为两种，一种是当时国内冶金行业的精英，他们多有在汉冶萍公司工作的经历，如轧钢方面的翁德銮、炼钢方面的金其重、采矿方面的侯德均、机械方面的唐瑞华等。另一种是有着海外学习经历的技术专家，如严恩棫、刘刚等。据刘刚回忆：战前，他与三十余名技术人员一起，被资源委员会派

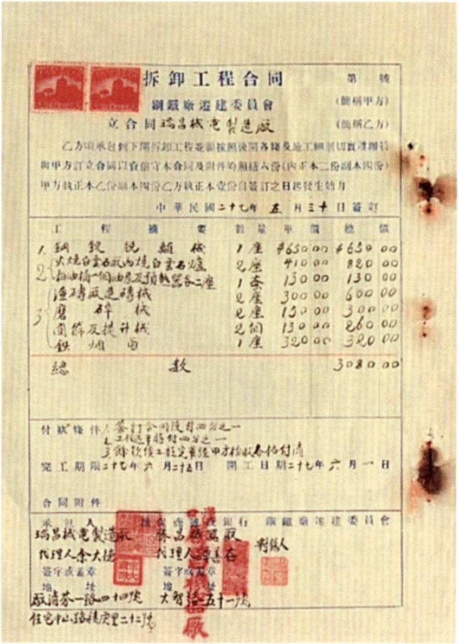
拆卸工程合同

鋼鐵廠遷建委員會 (簡稱甲方)

立合同瑞昌機電製造廠 (簡稱乙方)

中華民國二十七年五月三十日簽訂

工程摘要	數量	單價	總價
1. 鋼鐵洗鑛機	1座	650.00	650.00
[illegible]	2座	410.00	820.00
[illegible]	1套	130.00	130.00
[illegible]	2座	300.00	600.00
磨碎機	2座	150.00	300.00
[illegible]	2個	130.00	260.00
鐵烟囱	1座	320.00	320.00
總數			3080.00

合同附件

钢迁会拆卸合同

遣至德国克虏伯钢铁厂实习。全面抗战爆发后，他和时任总工程师的严恩棫（当时他是在德国实习技术人员的负责人）、靳树粱、王之玺四人即致电资源委员会，请求提前回国参加抗战并获得批准。1937 年 11 月，他们回到香港时遇到资源委员会副主任钱昌照。当时，钱昌照要他们立刻赶往武汉，参加汉阳铁厂的拆卸工作。这些年轻的技术人员在汉阳铁厂的拆卸工作中，发挥了重要的作用。此外，钢迁会还从逃亡的难民中雇用了上千名技术工人和搬运工人，以解决搬迁人手问题。

拆卸工作的完成

1938 年 3 月，钢迁会对汉阳铁厂的拆卸工作正式开始。最初，铁厂计划拆卸 250 吨高炉、100 吨炼铁炉、30 吨马丁炉、钢轨轧机、钢板轧机、型钢轧机、机修设备以及其他附属设备等。严恩棫在考察了六河沟铁厂后，根据四川省煤铁资源的情况和当时的拆运条件，提出“不拆汉阳铁厂 250 吨大高炉，拆六河沟铁厂 100 吨高炉和汉阳铁厂的 30 吨马丁炉炉体结构及换向阀、钢轨轧机、钢板轧机、中小型轧机和全部机修设备及耐火材料”的新计划。这一计划更切合当时的实际状况，因此，拆迁方案就此确定。

这时，抗战形势日益严峻。上海、南京等地相继失守，

六河沟铁厂炼铁炉与热风炉

武汉亦面临危机。对汉阳铁厂而言，急迫的形势体现在日军的轰炸、设备的损坏与工人的伤亡中。在1938年4月的一次空袭中，钢迁会工人约有8人伤亡；7月的一次空袭中，伤亡达到了60余人。即便如此，为了抢救中国钢铁工业的精华，钢迁会不但没有放弃拆卸，反而加快了工作的速度。工人们白天冒着空袭的危险，加紧拆卸工作；到了夜晚，则利用空袭较少的机会，焚膏继晷，日夜不休。就这样，钢迁会的工人们一直坚持到10月21日武汉撤离的前夜。据统计，钢迁会共从汉阳铁厂拆迁机器、材料约3万吨，其中包括200吨高炉一座、30吨平炉两座。此外，加上从上海炼钢厂、六河沟铁厂等处拆卸的设备器材等，总重量约有5.68万吨。

撤离武汉之前，钢迁会还会同军方将不便拆除的设备器材炸毁，以免资敌。10月25日晚11时，武汉卫戍总司令部派爆破队对汉阳铁厂进行爆破，同时，将不便拆迁、

被日军占领的汉阳铁厂

来不及运走的设备、机件和器材等或投入江中，或主动破坏，以免落入日军之手，为其所用。日军占领汉阳铁厂后，陆军尾崎士郎观察到：“曾经的汉阳铁厂，经历了战争的蹂躏，仅剩下了外部轮廓。我方的炮火猛烈爆炸，而工厂的重要部位已被敌方自己全部烧毁了。曾经被人们广为夸耀的汉阳铁厂，如今仅剩下了残垣断壁，到处几乎都空无他物。”

五　西迁入渝——钢迁会落户大渡口

转运宜昌

钢迁会拆卸的各厂设备器材，一部分由自己组织运输，一部分由兵工署出面与长江航业联合办事处及民生公司签订运输合同来运输。1938 年 3 月 26 日，钢迁会运输股股长黄显淇上任后，就开始着手准备汉阳铁厂拆卸后机器设备的运输工作。运输股为了工作方便，设立了三个办事小组，分别负责汉阳铁厂内外运输、汉阳至重庆新厂的运输工作和新厂内外的运输工作。随后，运输股对汉阳铁厂原有的码头和场内外铁道进行修理，组织机车、吊车和起重机等，为汉阳铁厂拆卸的机器设备的转运做准备。

钢迁会西迁入渝的第一步是将各种拆卸的机器设备转运到宜昌。6 月 5 日，钢迁会第一批拆卸下来的机器设备

民生公司民风轮

◎小贴士

民生公司：原名为民生实业股份有限公司，是20世纪三四十年代中国最大的一家私营航运企业。该公司由实业家卢作孚于1925年在四川省合川县（现重庆市合川区）发起成立，后迁至重庆。民生公司最初从上海订购10吨小轮——民生号，行驶于重庆、合川之间。1930—1935年间，民生公司经营航线延长到长江中下游。1937年，民生公司扩充资本到350万元，并兼营煤矿、染织、水电、船舶修造、银行保险等。在宜昌大撤退中，民生公司发挥了巨大作用。新中国成立后，民生公司于1952年9月1日实行公私合营，1956年完成了社会主义改造，成为国营企业。

开始往宜昌运输。一些体积不大、重量不高的轻便器材，运输自然问题不大。但是遇到一些大型设备，如重型机械、锅炉等，不仅体积庞大，且重量都以吨计。运输人员发挥他们的聪明才智，将木驳船充分利用起来，两两扎成一排，用枕木垫平舱底，再把钢轨铺在上面。使用这样的办法，稍微大一些的船可以装上两个火车头或者锅炉，此外还能装载一至两件 10 吨左右的器材。这一方法的使用，极大地提高了拆卸设备的运输效率。

到了 10 月，战事更为吃紧。钢迁会的工作人员冒着生命危险，日夜兼程，终于将拆卸下来的器材安全地运送到了宜昌。截至 1938 年 10 月 26 日，钢铁厂迁建委员会及兵工署从武汉附近抢运各厂共计58819.195吨器材至宜昌。

宜昌危机

宜昌地处长江三峡的西陵峡口，自古以来是进出四川的必经要塞，素有“川鄂咽喉”之称。

宜昌以西的长江上游，亦称川江、峡江，这里航道狭窄、暗礁密布、滩多浪急，不适宜大型轮船行驶。因此，宜昌成为当时长江轮船上行的终点。换言之，所有从上海、南京、武汉等地西行的轮船，到达宜昌码头后就不能继续前行。所有人和货物必须换乘能通行长江三峡和川江航道的大马

巴蜀峡中三大滩之首——新滩

三峡牛肝马肺峡

力小船，才能经长江三峡溯江进川。

随着国民政府移驻重庆，华北、华东和长江中下游地区的机关团体、学校、工厂和千百万人民纷纷踏上了西迁入川的道路。从1937年下半年起，沿长江向大后方涌去的人流和装运西迁厂矿设备的物流，源源不断地来到宜昌，在长江三峡的大门前拥塞着，等候换乘能穿越三峡航道的船舶，运送其到四川去。1938年夏，堆积在宜昌江北码头上等待运输的物资绵延数里，仅军工器材就有12万多吨，航空油料1万多吨，各种公物6万多吨。

1938年10月底，距宜昌仅300公里的华中重镇武汉沦陷，日军进一步向宜昌进犯。此时的宜昌，军工器材已积存了13万吨。而同时，汉阳铁厂、六河沟铁厂、汉阳兵工厂及上海、南京企业的器材和设备也陆续运到了宜昌。更为严峻的是，10月中旬以后，长江上游适宜较大轮船航行的中水位，只能维持40天左右，过后便是漫长的枯水期。当时能走峡江的只有民生轮船公司的22艘轮船和2艘外轮，而民生公司单船运载能力只有200吨至600吨。按这样的运力计算，全部物资和人员运至重庆需要整整一年时间。要在40天的时间里完成内迁搬运工作，几乎是不可能的。

三段运输完成宜昌大撤退

1938 年 1 月 6 日，民生轮船公司总经理卢作孚任国民政府交通部常务次长，他于 10 月 23 日来到宜昌，负责组织、指挥抢运工作。卢作孚转变思路，认为最紧急的任务并不是将所有的人员和物资通通运送到重庆，而是让它们尽快地从宜昌撤离。因此，只要让他（它）们安全地过了长江三峡，就能有足够的时间利用陆路、水路交通来继续转移。按照这一思路，卢作孚和民生公司一些经验丰富的老船长经过多次的实地调查和讨论，终于提出一个能保证抢运的“三段运输法”。

三段运输法是将整个长江上游航段——宜昌至重庆航线分成了三段：即宜昌至三峡、三峡至万县、万县至重庆。根据每一段航线上的水位、流速、地形来选择合适的轮船

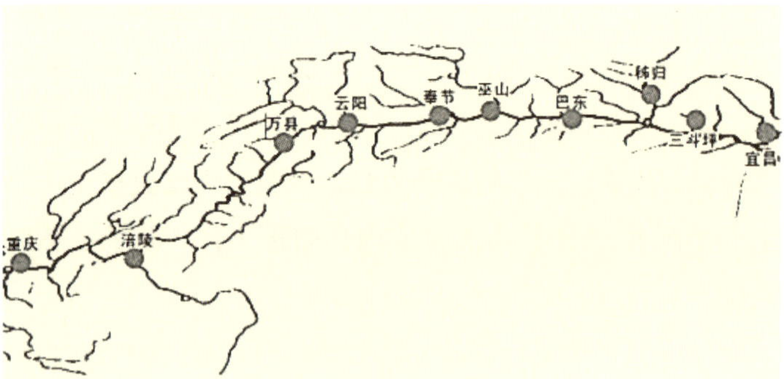

宜昌大撤退路线示意图

钢迁会由武汉等处西运器材以抵达目的地分计统计表

（单位：吨）

机关、地域	本会	其他各厂处	第三工厂	陶馥记	附注
宜昌	16974.359	19566.957			
小青滩	819.000				
青滩	180.600				
巴东	115.500				
巫山	3200091		350000		
奉节	529496		20000		
万县	6061553		178360	56200	
重庆	4135815		256605	32550	
在途及待卸	5236025		256605		
小计	37252.238	19566.957	804.956	88750	
合计	57712.910				

分段航行。在水位足够、地势开阔的地区仍然用大型轮船进行运输，到了水位等条件不足以满足航行要求的地方，再将人员和货物换乘小木船继续转运。

三段运输法中运输方法和原则为：

首先，最重要的和最不容易装卸、不能通过陆路运输的大型机械设备以及军用物资必须直接运往重庆。

其次，次要一点的物资将会被分类拆卸运送到万县后再通过陆路交通继续向大后方转移。

再次，剩下的人员和物资，在接近三峡峡口的奉节、巫山以及巴东一带下船。

钢迁会灵活采用三段运输法，在三斗坪、庙河、巴东、巫山、奉节、万县、涪陵、九龙坡等处设转运站，将西迁物资按轻重缓急分类运输，最后到达目的地大渡口。钢迁会先后征集雇用了 2 艘炮舰、11 艘海轮、27 艘江轮、4 艘铁驳船、17 艘拖轮、218 只木驳船、7000 只柏木船负责物资西运工作。大撤退中，钢迁会躲轰炸，斗险滩，最后成功将大部分设备迁移到大后方。

六 淬火成钢——钢铁厂建成投产

选址大渡口

钢迁会成立后，工厂选址工作与汉阳铁厂的拆卸工作同步进行着，严恩棫、黄显淇等先后到重庆，在长江、綦江两岸勘察调研，力图为新厂选择好厂址。1938 年 4 月，钢迁会确定了新厂厂址选择的三大原则：第一，为了方便汉阳铁厂设备与其他材料的运输，厂址应选择在长江两岸。第二，为了必要时可以借用重庆城内之电力，厂址不应且不宜离城太远。第三，为满足建厂需要，厂址至少需要1000 亩平地，且为了解决生产用水问题，不能离供水处过远。随后，钢迁会派工程师李仲强赴渝勘察，对九龙坡、大渡口、茄子溪、冬笋坝和黑石坪等五处进行详细调查。

钢迁会最终决定将新厂设立在长江上游距离重庆主城

20 公里、地属巴县且与大渡口镇相连的江边。该地位于长江北岸，三面环山，呈月牙形。于此处建厂，益处不少。首先，此处交通便利，既方便汉阳铁厂拆卸的笨重机器设备从宜昌直接运送至此，也方便以后钢铁厂生产所需之原料通过嘉陵江、綦江和长江输送。其次，重庆为全川工商业的中心，且离厂不远。以后钢铁厂需要的各种工程材料以及产品的运销，均可依仗重庆。第三，成渝铁路经过此处，方便以后接轨，也方便以后利用铁路运输。此处地势高出供水位10 米以上，没有丰水期淹水的问题。同时，钢迁会的主管机关等都在重庆，对于钢铁厂的监督指导也近在咫尺。不过，凡事有利必有弊，此处建厂也有一些不利因素。首先

钢迁会建厂前的大渡口

参与工厂建设的一对夫妇在大渡口的合影

是原料运输问题。大渡口及其附近并无原料产地，钢铁厂需要的铁矿石和一部分煤炭要利用綦江及其支流运输。綦江水浅滩多，航行条件不甚理想，因此还需要对綦江航道进行整理改良。其次，此处地势并不平坦，丘壑分列，增加了建厂的难度。

蚂蚁搬家，3 万吨设备一一归位

厂址确定后，钢迁会拆运的笨重机件陆续从宜昌运达，如何搬运成为横在钢迁会面前的头号难题。当时，起重设备数量有限，各种各样的巨型机械，只能依靠人力搬运。

钢迁会的工人们发挥聪明才智，采用滚木运输的原始办法搬运机器。面对巨大的困难和危险，工人们迎难而上，愣是将 3 万多吨的机器设备一点一点地运送完毕。

亲历者回忆：“荒草丛生的长江河滩上，堆满了船上卸下来的各种巨型机器，工地上看不见一台机动车，看不见任何起重设备，所有的庞然大物，全靠人力像蚂蚁搬家那样一点一点地用滚木搬运。赤手空拳的工人们，光着膀子，打着赤脚，操着上海话、湖北话和四川话等不同的口音，齐声喊着统一高亢的劳动号子。”来自五湖四海的钢迁会员工们团结一致，克服了一个又一个困难，圆满地完成了任务。

◎ **小贴士**

滚木运输法：古时受制于运输条件，工匠们采取在巨石下垫上圆木，利用圆木的滚动来运输和安装巨石的办法。这一方法大大降低了搬运强度，提高了搬运效率。钢迁会在运用滚木运输法时，首先于高处修建一平台，用于在高处拉拽设备和卸货。然后再修建一简易坡道，并在坡道上铺设沙子，于沙面上放置滚木。需要搬运的设备，首先在其下方固定两根木棍，随后于沙面滚木上运输。前方众人拉拽（类似于纤夫拉纤），后方有人用棍子垫卡，防止设备下滑。

八所共建，铸就钢铁联合企业

钢迁会在大渡口设有以发电、冶炼、炼钢、轧钢、炼焦、制造耐火材料、修造机器设备和制造兵工器材以及运输原料等为主要业务的八个制造所。各所的主要生产设备均为内迁而来，大都进口自英、美、德等国家；各所的生产工艺总体上是战前技术的沿用，主要由外国传来。但在抗战时期扩大发展起来的那些生产部分，如新型小型炼铁炉、炼钢平炉、中小型轧钢机、高温炼焦炉、废热式炼焦炉、洗煤机等，均属国内首创，是中国近代冶金工业史上的重要技术发展成果。

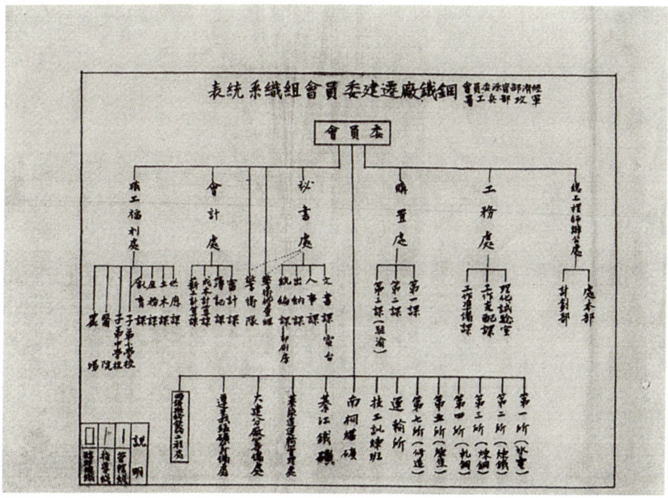

钢迁会组织系统表

第一所为交流发电厂，以供给钢迁会各厂之原动力为主要业务。1939 年冬，临时直流发电厂装竣发电，内装 400 千瓦及 200 千瓦蒸汽直流发电机各 1 座，锅炉 3 座。交流发电厂的主要设备有卧式交流 1500 千瓦透平发电机 2 座，锅炉 7 座，交流高低压大小马达 30 余只，于 1941 年 10 月底装竣发电。

第二所以冶炼生铁为主要业务，其重要设备有 100 吨炼铁高炉 1 座，20 吨炼铁炉 1 座，并各附热风炉与鼓风机等。20 吨高炉选址于成渝铁路路基旁，于 1938 年 12 月动工，1940 年 3 月出铁。100 吨高炉及其配件在 1938 年 5 月至 8 月之间运送至大渡口，于 10 月开始动工，12 月完成高炉主体安装。由于设备陈旧，加之运输过程中遭到损坏，所以热风炉直到 1941 年 5 月才砌筑完成。1941 年 11 月 9 日，100 吨高炉开炉炼铁。

第三所以炼钢与铸造为主要业务，其重要设备有 10 吨碱性平炉 2 座，煤气炉 4 座，1.5 吨电炉 1 座，3.5 吨电炉 1 座，鼓风式及储热式坩锅炉各 1 座，4.5 吨熔铁炉 4 座，烧白云石炉 1 座，烘模房 1 座，退火炉 1 座。1941 年 11 月，1.5 吨电炉开炉炼钢。其平炉由技术室自行设计，1939 年 3 月开工建设，1942 年 6 月竣工，7 月 7 日出钢。

第四所的主要业务为轧钢，分为钢条厂、钢轨钢板厂。钢条厂 1938 年秋动工，因遭日机轰炸，1941 年年底才安

建设中的高炉

高炉炼铁

装完毕，次年1月7日开工生产。钢轨钢板厂1943年11月开始安装设备，1944年4月完工，10月正式生产钢板。

第五所初期以制造螺钉、铆钉、钩钉等为主要业务，后来将此业务并入第四所管辖，转而以炼焦为主。设有炼焦炉5室，洗煤机2部，推焦机1部。

第六所以制造耐火材料为主要业务，于1939年4月16日开始建设，1940年5月起正式出货。

第七所原为上海炼钢厂之一部，1939年开工。该所内部包括铸造部、机修部、锻造部，以修造各项机件及锉刀并制造兵工器材为主要业务，备有小型熔铁炉3座，大小气锤3部，加热炉20余座，车钻铣等机械130余部，凿锉机4部。全面抗战期间，钢迁会第七所应国民政府兵工署要求，试制或制造过一些半成品武器，如飞机炸弹、迫击炮弹、德式磁质地雷、避弹钢板和卡宾枪用钢料等。

运输所（即文中的第八制造所），分为厂外运输课及厂内运输课。厂外运输课负责从江口至大渡口以及重庆至大渡口各种原材料及调拨器材的运输，厂内运输课则负责钢铁厂厂内材料的起卸、运输等。

1938年6月，大渡口钢铁厂开始动工建设。之后，炼铁、发电、炼钢、轧钢、耐火工程等项目相继开工。1941年，内迁的上海炼钢厂并入钢迁会，到1942年各项工程基本完工，加上南桐煤矿、綦江铁矿、綦江水道运输处等附属

机器修理厂车间

铁矿石运输

单位的先后投产，钢迁会成为后方最大的钢铁联合企业。1943 年，钢迁会职工对比汉阳铁厂与大渡口钢铁厂厂貌时说：“近在友人处看到汉阳铁厂风景套色画片一帧，系由上海寄来者。上用日文注明该厂夕阳风景之美丽。殊不知‘夕阳无限好，只是近黄昏’，汉厂躯壳虽存，灵魂早已不在，员工及重要机件，早于民国二十七年（1938）以前迁川。今此间规模宏大，风景优美，实不亚于汉厂矣。”

七 原料从哪里来——綦江铁矿与南桐煤矿

綦江铁矿

綦江境内的铁矿，主要分布在土台、麻柳滩、大罗一带。从宋代开始，历代都有人在此采矿炼铁。清代，一些人凭借采矿炼铁发家致富，在东溪、赶水兴建房屋，开设商铺，东溪、赶水也因此逐渐繁荣。到了民国，綦江境内的铁矿生产主要被谦虞公司等几家私营企业控制。

钢迁会成立后，为谋求铁矿的自给自足，出资 100 万元与军政部兵工署联合成立"钢铁厂迁建委员会綦江铁矿筹备处"。筹备处成立后，接收了民营谦虞公司，接管了土台、麻柳滩、白石潭、大罗坝和苏家井等 5 个矿区。8 月，綦江铁矿筹备处迁到重庆，在东溪设立办事处。1940 年，綦江铁矿公司正式成立。

綦江铁矿白石潭矿开工纪念

綦江铁矿筹备处接收私营矿井后即组织开采，从湖北大冶铁矿撤退出来的技术人员，也陆续来到綦江铁矿参与生产。筹备处于 1938 年底就恢复了铁矿石的生产。1938 年至 1939 年，筹备处相继在土台开凿一号、二号和三号直井。1940 年，綦江铁矿公司正式成立后，为了适应钢铁工业生产的需要，加快了矿井建设。6 月，土台矿区的三号直井建成，并建立了井下绞车道。地面上也建起了行政办公大楼、生产辅助车间、工人宿舍、食堂、商店等，綦江铁矿初具规模。

铁矿地处深山，运输矿石不是个简单的事。工人把矿石从矿洞里背出来后，要用人力推车运到小鱼沱、麻柳滩，

綦江铁矿土台矿场全景

綦江铁矿土台矿场三号井口已铆成之蓝格式锅炉两具

转轻便铁道运送到赶水，换木船走水路运至綦江，再转大船运到大渡口的钢铁厂。为了方便铁矿石的运输，筹备处还专门兴建了麻柳滩至赶水的轻便铁道。

钢迁会设计的用于铁矿石运输的吊坡

綦江铁矿的生产为钢迁会大渡口钢铁厂的生产提供了保障，有力地支持了抗日战争。1943 年，綦江铁矿生产的铁矿石达 4.5 万吨，是 1938 年至 1949 年间产量最高的一年。

“江姐”曾在綦江铁矿工作

1941 年秋，时任中共重庆新市区委委员的江姐因为被国民党特务监视，上级党组织决定让她避险。江姐通过綦江铁矿无线电台台长程楷、报务员雷振宇和会计课成本组组长来家欣的介绍，在綦江铁矿任总务科庶务组司事（庶务：机关团体内管理杂项事务的职员；司事：团体中管理账目或杂务的人员），月薪为 75 元。

江姐

江姐为了隐瞒真实身份，在填写“钢铁厂迁建委员会职员履历表”时，不仅更改了年龄，虚报了4岁，还将自己的籍贯从“四川自贡”变为“四川富顺”。然而，江姐的隐蔽工作并未成功。1942年春，江姐再次受到了特务的监视，不得不离开了綦江铁矿。

◎小贴士

江姐：原名为江竹筠，“江姐”是人们对她的敬称。她是现代作家罗广斌、杨益言创作的长篇小说《红岩》中江雪琴的人物原型。1920年8月，江竹筠出生在四川省自贡市。1939年，江姐考入重庆的中国公学后，秘密加入了中国共产党。

1948年6月14日，由于叛徒出卖，江姐不幸被捕，被关押在重庆渣滓洞监狱。国民党军统特务用尽各种酷刑，急欲从这个年轻的女共产党员身上打开缺口，破获领导川东暴动的党组织和重庆中共地下党组织。面对敌人惨无人道的酷刑摧残和死亡威胁，江姐始终坚贞不屈，她说：“毒刑拷打，那是太小的考验。竹签子是竹子做的，共产党员的意志是钢铁！”1949年11月14日，在重庆解放前夕，江姐被国民党特务杀害于渣滓洞监狱，牺牲时年仅29岁。

抗战煤都——南桐煤矿

随着綦江铁矿的开发，钢铁厂需要的矿石有了保障。那煤炭呢？这时，位于万盛的煤矿资源解决了这一燃眉之急。原来，在贵州桐梓和四川南川交界处有着丰富的煤炭资源，特别是王家坝到胡家嘴一带，焦煤资源最为集中。在这一带，从清道光年间就开始开采煤炭、炼制炭花。时人以煤田东西两端的南川和桐梓各取一字，取名为南桐煤矿。

国民政府成立钢迁会后，为筹谋煤炭自给，投资 100 万元，于 1938 年 3 月 20 日在汉口成立了“钢铁厂迁建委员会南桐煤矿筹备处”。筹备处任命原河北井陉煤矿矿长侯德均为主任、张伯平为工程师、崔桐为副工程师兼洗炼厂厂长。这些人多毕业于北洋大学，且有着留学欧美的经历。他们深知煤炭资源对于钢铁工业的重要性。一开始，他们就提出要尽可能将设备拆迁至南桐煤矿，并得到政府的批准。1939 年 4 月起，拆卸的 700 多吨机电设备经过艰难的运输，陆续运抵南桐煤矿。

从 1939 年 5 月起，筹备处相继收购了王家坝等地的土井，经改造，当月就产出第一批原煤。1939 年共生产约 5000 吨原煤运往重庆。不过，土井原煤远远不能满足重庆钢铁工业的需要。筹备处人员不畏艰险，继续开发。1938

南桐煤矿总厂全景

南桐煤矿四分厂炼焦炉

年 8 月迁到桃子凼后，10—12 月征购土地，相继开始了总厂、一分厂、二分厂和两个较大型矿井的建设。

1938 年 12 月开工的王家坝 2 号竖井，仅经半年建设，便于 1939 年 6 月建成投产，是为万盛地区第一座机械提升的生产矿井。1938 年 11 月开建的胡家嘴 3 号竖井，经一年建设，于 1940 年 1 月投产，是为万盛地区机械化程度最高、向地下开掘最深的矿井。随着 2 号、3 号竖井相继投产，南桐煤矿已拥有大小生产井口 5 对。1940 年，原煤产量从上一年的 5000 吨上升到 5 万吨，1941 年，达到 9 万吨，1942 年，达到 12 万吨的最高年产量。南桐煤矿成为当时中国（敌占区除外）最大的煤炭工业基地，堪称抗战煤都。

南桐煤矿取得的成就与煤矿工人的努力和牺牲紧密相关。抗战时期，煤矿的设备因陋就简，生产工人的安全得不到保障。矿井基本没有通风设备，井下的积热不易扩散，致使温度常年在 30℃至 40℃之间。不仅如此，矿井还经常发生火灾，如 1940 年，南桐煤矿 3 号井大巷自然起火，工人们虽从风巷撤离，却因一氧化碳中毒造成 57 人死亡。另外，煤矿也没有排水设备。采煤后留下的空塘，日久常会积水。煤矿挖掘新的巷道，应当先采取放水措施，以保安全。但是当时并未这样做，以至于挖掘时积水突出，工人被淹没。

八 綦江水道——战时煤铁运输生命线

綦江天险

綦江，又称綦河，发源于贵州省桐梓县境内，经江津流入长江。据明代曹学佺《蜀中名胜记》载：“江发源夜郎，作苍帛色，故名綦。”綦江在川江各流域中运输条件最为困难。民国时期，綦江大小险滩约有一百余处，且礁石林立，船行其中十分危险。遇到暴雨则水位陡涨。因而，綦江航道仅能下行四五吨的木船，每日仅行程 20 多公里，全部航程需七八日。险滩中尤以羊蹄洞、盖石洞最险，船只无法通过，货物必须使用人力转运至滩下分段航行。

钢迁会在大渡口建厂之后，其所需要的铁矿和煤矿主要依靠綦江铁矿和南桐煤矿的供给。綦江铁矿距离钢迁会大渡口钢铁厂约 110 公里，其开采的铁矿需要先利用 16 公

綦江天险

里的轻便铁路运送至綦江上游的赶水镇，再由綦江运送至大渡口。南桐煤矿距大渡口约 117 公里，其生产的煤炭也同样需要轻便铁路运送至綦江支流蒲河边的杨柳湾煤栈，然后运送到大渡口。綦江这样的水运状况严重影响煤炭与铁矿运输。1938 年钢迁会向国民政府要求整治綦江及支流的报告中就写道：“綦江之铁矿、南桐之煤焦，均借水道运输以供钢铁厂冶炼之用。然綦河上游滩顽、水恶，涨落无常，急需整治。”

导淮委员会整治綦江

1938年4月，导淮委员会的水利人员开始对綦江的水文、险滩进行全面的调查，并成立了綦江工程司负责綦江渠化工程，还在赶水、三江、綦江、五岔等地设置水文站、水位站等。在详细调查勘测的基础上，导淮委员会确定将綦江水道的整治分为“初步治理工程”和“渠化綦河工程”两期进行，同时整治险滩。

一期工程在綦河的支流蒲河修建3座闸坝，分别位于石板滩、大场滩、桃花滩，以保持航道的最低水位为1.2米；

◎小贴士

导淮委员会：1929年7月成立于南京，隶属于国民政府，其掌管淮河流域全部测量、疏导、改良水道、发展水利及相关筹款、施工事务。委员会设委员长、副委员长各1人，委员若干人，由蒋介石兼任委员长（后由陈果夫代理），下设总务、工务、财务三处。1935年7月，划归全国经济委员会管辖。抗日战争全面爆发后，南京国民政府西迁重庆，导淮委员会也随迁重庆。抗战胜利后，导淮委员会于1946年迁回南京。1947年7月，改组为淮河水利工程局，隶属于水利部。

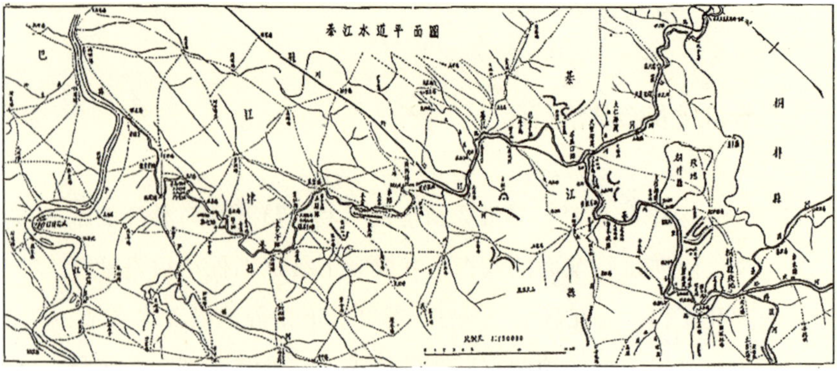

綦江水道平面图

在綦河干流的盖石峒、羊蹄峒两处各建闸坝 1 座，以保持最低水位 1.5 米。通过这五处闸坝，确保全河可以直接通航。

綦江大闸的运行原理与三峡大坝完全一致。下行船只通过时，先将第一道闸门关闭，放水入第一段水道内，直至内外水位相等时，开放第一道闸门，放船只进入第一段水道，再关闭第一道闸门，此时船只已在第一道水道内。然后，将第一道水道内之水泄至第二段水道，直至内外水位相等时，开放第二道闸门，放船进入第二段水道内，再将第二道闸门关闭，然后将第二段之水泄出，直至与下游河道水面相等时，开放接近河道之第三道闸门，船只即可畅航至下游河道。如船只上行通过水道，则逐段提高水位，依次关闭闸门，与上游水位相等时开启闸门，放船只至上游河道。

闸坝修筑

这些闸坝全部由导淮委员会一批优秀的水利工程师设计，其中还包括刚从国外归来的水利专家张光斗。

1938 年 8 月，一期工程的綦江大闸正式动工。因綦河负担着运输煤炭、铁矿的重任，虽然是在抗战的非常时期，但整治工程进展很快。1939 年底，蒲河上 3 座闸坝建成通航；1940 年初，綦河 2 座闸坝完工。5 座闸坝完工后，陈果夫分别以“智、仁、勇、信、严”为名，并在前冠以“大”字，以赞扬前方将士。他还专门撰刻碑文。《大智船闸碑记》载：“蒲河三闸坝以大智（石板滩）、大仁（大场滩）、大勇（桃

綦江水道渠化工程鸟瞰

船只通过闸坝

花滩）为名，綦河两闸坝，以大信（盖石峒）、大严（羊蹄峒）为名，则因兴建于抗战建国之时，所以荣仰前方将士之武德也。”

5座坝建设期间和建成后，引起各方人士关注。蒋介石及国民政府经济部长翁文灏等先后前来视察参观。蒋介石第一次到綦江视察的时间是1939年秋，其目的是视察导淮委员会在蒲河、綦江的闸坝工程。1940年1月，蒲河的2座闸坝先后建成，蒋介石再次亲临蒲河乡大勇闸坝及石角乡大仁闸坝视察，还看望了导淮委员会负责闸坝修建的官员及工程技术人员。

钢迁会的煤铁运输

支流蒲河的3座闸坝完工后，当即移交钢铁厂迁建委员会水道运输处接管。1940年3月，钢铁厂迁建委员会綦江水道运输管理处正式成立，除在各个闸坝分设管理处外，还在沿江设立3个装卸站、8个督运站和1个船厂，分别管理煤铁装运和造船、船只修缮等事宜。钢迁会綦江水运处最多时自有船只434艘，租用商船643艘，员工2000余人。

綦江水运处对钢铁厂所需煤、铁矿料的接运工作，包括在蒲河接运南桐煤矿的焦煤，在赶水接运綦江铁矿的矿砂，必要时还需在盖石、綦江两处办理转运工作。如果遇

綦江水运管理处的运输木船

到各处水闸年修，则需要将原料临时囤存在三溪镇。1939年3月，四川航运处调船舶50艘到綦河参加运煤；1940年9月，綦江水道运输处又从安岳、内江调来柳叶船278艘。不过，綦江水道仍有不少危险之处，如被人们称为“万人坑”的老虎滩。钢迁会在运输过程中，也发生不少事故，曾有过一日内共沉没船只21艘的重大事故，损失铁矿砂达数百吨。

綦江水道是抗战时期铁矿石和煤炭的主要运输通道。据统计，1939年至1945年经綦江水道运到重庆大渡口钢铁厂的原料累计超过40万吨。如果说铁矿石是钢铁厂的

綦江蒲河站工人背料情形

粮食，那么运输航道是钢铁厂的生命线。抗战时期綦江闸坝的兴建，改进了綦江的水运条件，加快了向钢迁会钢铁厂运送煤炭、铁矿石的速度，有力地保障了钢铁厂的生产。可以说，綦江水道是抗战大后方钢铁基地的生命线。

九 愈炸愈强——钢迁会屹立在大轰炸中

重庆大轰炸

抗日战争全面爆发后，随着国民政府迁都重庆，重庆战略地位迅速提升，成为中国抗战大后方的政治、经济、军事和文化中心，因此也成为侵华日军的重要军事目标。为了摧毁中国抗战的大后方基地，动摇大后方人民的抗战意志，迫使重庆国民政府投降，侵华日军从 1938 年 2 月至 1944 年 12 月，集中陆军和海军的主要航空兵力，对战时首都重庆及其周边地区进行了长达 6 年多的大轰炸，史称“重庆大轰炸”。

日本陆军在占领武汉后，被大巴山脉和长江三峡阻挡了继续西进的步伐。大巴山脉扼守东部门户，不适合正规军作战；而长江三峡使得海军舰队无法从武汉溯江而上。

日军对重庆的轰炸

◎小贴士

“六五”大隧道惨案：1941年6月5日晚9点左右，日军出动24架飞机分三批轮番轰炸重庆，空袭时长达5个小时。平时市民习惯于白日躲避空袭，故傍晚近郊来城者特别多。当日傍晚日机来袭的警报响起后，南岸、江北的民众来不及渡江，只有分赴城内各防空洞躲避，致使大隧道避难民众比平时突增一倍以上。原本最多容纳6500多人的隧道此时竟然涌入了近万人。在长达10小时的高温和严重缺氧的情况下，避难民众因通风不畅导致窒息，加之发生推挤踩踏，造成了骇人听闻的防空隧道惨案，这就是“六五”大隧道惨案。

另一方面，日本本土只剩下近卫师团。随着补给线的大幅延伸，侵华日军已经没有能力开辟新的战场。因此，武汉便暂时成为大规模地面进攻的终点，日军也开始实施新的进攻计划。最后，日本侵略者制定了“压制敌人及攻击敌人中枢战略”的航空作战计划。1938 年，以日本天皇名义发布了最高指示——“大陆命令第 241 号”，明确下达了战略轰炸重庆的指令。

重庆大轰炸被认为与南京大屠杀具有同等性质。日军对重庆实施的战略轰炸是一种针对城市市街的无差别轰炸，对包括工厂区、商业区、文化区、住宅区等在内的所有区域进行狂轰滥炸。其轰炸时间之长、次数之多、手段

“六五”大隧道惨案

之残忍、灾难之深重，为人类战争史上所罕见。

在1939年、1940年和1941年这三年里，日军对重庆的轰炸是最为疯狂、最为惨毒的。这三年中，重庆人民先后经历了“五三”“五四”大轰炸、“八一九”大轰炸和引发“六五”大隧道惨案的“六五”夜袭等多次残忍的轰炸事件。

日机对钢铁厂的残忍轰炸

大渡口钢铁厂远离重庆市区，一直未成为日机轰炸的主要目标。但到1940年的9月13日，大渡口钢铁厂第二制造所一处排气管道突然发生爆炸，顿时黑烟滚滚，以致暴露了钢铁厂的位置，使得钢铁厂次日就成为日机轰炸的目标。这是自1938年日机对重庆轰炸以来，大渡口钢铁厂首次被炸。当天，日机18架于上午11时47分开始轰炸大渡口钢铁厂，一共投弹约100枚。厂区内的工人食堂被炸垮，职工宿舍也有多处被炸塌。最令人痛心的是，大家一向以为日军主要轰炸的对象是重庆城区，不会来轰炸大渡口，因此即使紧急警报响起，很多人都不以为意，不少人仍旧在职工食堂午休，以致丧命于日机轰炸中。

钢迁会职工徐万邦回忆空袭后的伤者状况道：“伤者有百余人，多是跟随上海炼钢厂和汉阳铁厂西迁入渝的工人和家属。厂内的诊所里全是被炸的伤者，公路旁边还有伤者躺在门板、竹床上面，排成两排等待救治。有的人手腕被炸断，医生一手喷红药水，另一手正剪断残皮；有的人头破血流，臂足被炸残，医生赶紧消毒包扎，有的人腹部有弹片嵌入，医生赶忙想法处理。诊所内外充斥着伤者的呻吟声、家属的哭嚎声和医生的安慰声，场面悲惨，不觉令人潸然泪下。”

史料中明确记载日机对大渡口钢铁厂轰炸造成严重损失的有三次。第一次即1940年9月14日的那次。次年8月22日，日机27架来袭，投弹70余枚，共炸毁职工住宅3幢、库房2幢、公棚1幢以及香涛院办公厅，造成9人死亡、30余人受伤；9月1日，日机再次来袭，投弹100余枚，炸毁库房7幢，多处房屋被毁，致使9人死亡，15人重伤。

钢迁会的防空举措

为了有效地躲避日军空袭，将钢铁厂的损失降到最低，钢迁会大渡口钢铁厂采取了一系列积极有效的防空措施。首先，钢迁会提请国民政府，在双山等处布置高炮阵地，以打击来犯日机。其次，钢迁会还采用了一系列的消极防空方式。钢迁会在大渡口厂区内开凿了18处防空洞，用于空袭时员工避难和储存重要的器材。为了隐蔽钢铁厂的设备，钢迁会将烟囱、高炉等重要设备都进行了巧妙的伪装。如将烟囱等伪装成塔、大树；将百吨高炉、20吨炉和交流发电所及重要厂房等全部使用伪装网覆盖，以免暴露，成为日机空袭的目标。

钢迁会防空洞旧址

此外，钢迁会还根据空袭中情况的危险程度，设置了三种不同的警报信号：一长一短的警笛声是空袭警报，表示日机马上就要丢炸弹了；警笛短音相接不断是紧急情报，提示人们空袭即将来临，必须马上进入防空洞躲避；警笛一声长鸣是警报解除，通知大家敌机已经飞走，可以恢复正常。

不屈意志　坚持生产

面对日军的狂轰滥炸，钢迁会的职工们没有屈服。他们更加紧密地团结起来，以实际行动与侵略者做抗争。虽

钢迁会的工人从高炉顶部倒入原料

钢迁会的工人正在加紧生产

然日机频繁轰炸，但钢迁会炼铁炼钢的高炉和平炉，从未因空袭熄火停产。张连科（原上海炼钢厂厂长、钢迁会委员）的儿子回忆："1940 年日本对重庆疯狂地进行疲劳轰炸时，大渡口这是后方的钢铁基地，也成为敌机破坏的重点目标。有一段时间，敌机连续好几天对大渡口轮番轰炸，从早到晚空袭不断。日本飞机肆无忌惮地在树梢上翻飞低旋，机翼上的膏药旗和飞行员的狰狞面目，都能看得清清楚楚。但是，炼钢炼铁的高炉和平炉，却从未熄火停产。父亲经常在警报中还照常坚守岗位，令母亲和全家都为他担心。"

钢迁会的职工们在敌人的轰炸中没有退缩，依然坚守岗位，开炉炼铁炼钢。工人乙丐在一篇名为《我们的生活》的散文中这样写道："抗战是这样紧急，人们的生活是这样煎迫。我们并不觉得难过，因为我们早已了解了现实，我们的生活目标不是为了钱，也不是为了利，我们只有一

◎小贴士

挂红球：战时重庆发布空袭警报的一种特殊的方式。当重庆防空指挥总司令部得知日军的空袭行动后，利用重庆的特殊地形，在地势较高的地方以悬挂红球的方式发布防空警报，周知市民。当悬挂 1 个红球时，表示敌机已经从汉口起飞；当悬挂 2 个红球时，表示敌机距离重庆市 200—300 公里；当悬挂 3 个红球时，敌机已距离重庆市 50 公里。

挂红球

个愿望，一个思想，一个期待，那就是努力造械，争取抗战大业早日完成，以及和平的早临。”钢迁会职工邹宗友回忆：“我们当时一边安装设备，一边生产，一边还得躲避日机轰炸，每天都要注意高处挂红气球没有，挂了红气球，就是空袭警报，预示日机马上就要丢炸弹了。我们当时很希望尽快赶走日本鬼子，我们好安心工作、生活；也希望多生产一些钢铁产品出来支援兄弟兵工厂，多生产出一些子弹、枪炮，好狠狠地打击日本侵略者。”在国家生死存亡之际，钢迁会集无数爱国志士于一厂，在钢铁战线上共赴抗日伟业。他们在极端艰难的条件下坚持生产，提高了钢铁产量与质量，贡献于兵工生产，支援了前线。

十 国之桢干——钢迁会对抗战的贡献

钢迁会的成就

为了能够坚持对日抗战，战时的大后方必须建立牢固的物质基础，尤其是重工业基础。自全面抗战爆发后，国民政府通过内迁、兴建和改造等方式，建立了以重庆为中心，由钢迁会与兵工署第 24 和第 28 厂、资渝、人和等一大批企业组成的新的钢铁基地。这是近代中国完全依靠自己的技术和资源建立起来的钢铁工业体系。这当中，钢迁会占据着重要的地位，是后方 18 家钢铁厂中规模最大、产量最高、员工最多、技术最为先进、配套体系最为完整的一家。

钢迁会生产的灰口铁、钢锭及轧制的钢材，主要是供应后方的兵工厂生产使用，用于制造迫击炮弹、手榴弹和甲雷等武器。在 1943 年到 1945 年之间，钢迁会生产钢材的 50%—70%，都提供给各兵工厂制造枪、炮、弹等。此外，钢迁会自己也会试制、制造一些半成品武器，如飞机炸弹、迫击炮弹、德式磁质地雷、避弹钢板和卡宾枪用钢料等。

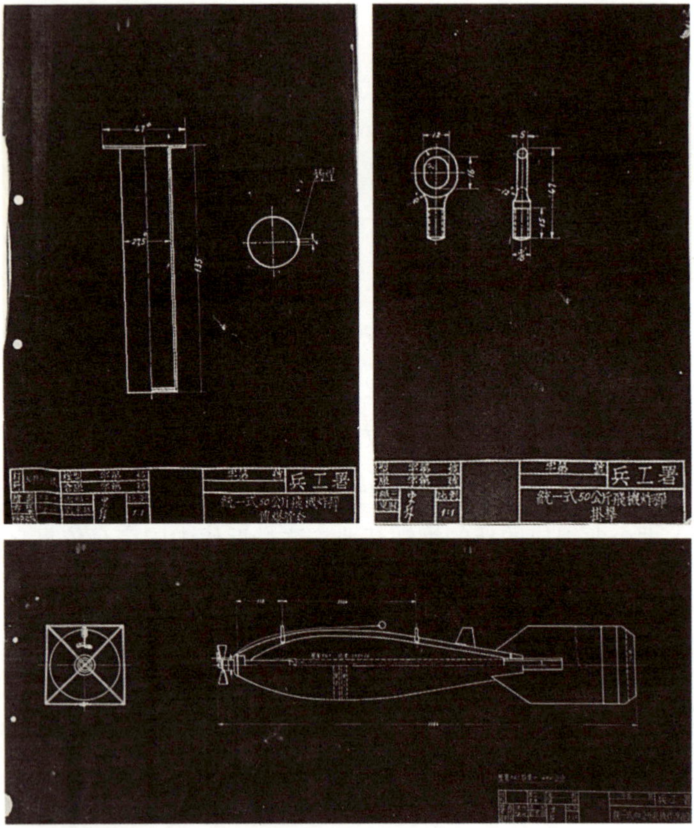

钢迁会大渡口钢铁厂生产的统一式 50 公升飞机炸弹图纸

为了保证钢铁生产的顺利进行，钢迁会的技术人员进行了巨大努力，取得了一系列重要的技术突破。如平炉底改良技术，成功增加了每届冶炼炉的寿命。20吨炉产量增加技术，通过改良平炉炉身增加了平炉的铁产量。还有炼制去硫铁技术成功后，使得大量废铁得以去硫后炼制成碱性铁，以供炼钢需要，从而扩大了钢迁会炼钢材料的来源。此外还有节省焦炭技术、减少轧钢钢锭损耗技术、百吨炉炼制碱性铁等多项技术突破。

钢迁会各项建设事业完成后，拥有大渡口钢铁厂和綦江、南桐两大煤铁矿基地和专门的运输系统，并集中了一大批优秀的专业技术人才，成为抗战时期大后方最大的钢铁联合企业。1941—1945 年间，钢迁会共生产生铁46074.6 吨，钢锭 28586.9 吨，各型钢材 12792.4 吨。战时位于重庆的 5 个兵工厂所生产的各种炮弹、枪支所使用的材料，大多为钢迁会所供应。

钢迁会在抗战期间发挥的重要作用得到了国际社会的认可。1944 年，美国合众钢厂、英国 Braccent 公司代表和美国冶炼专家、国民党军事委员会战时生产局美籍专家等先后到钢迁会参观访问。陈果夫、翁文灏、陈仪、邵力子等社会名流纷纷为钢迁会题词，赞誉钢迁会是“国之桢干”“现代工业此其始基”“奠定后方重工业基地”等。

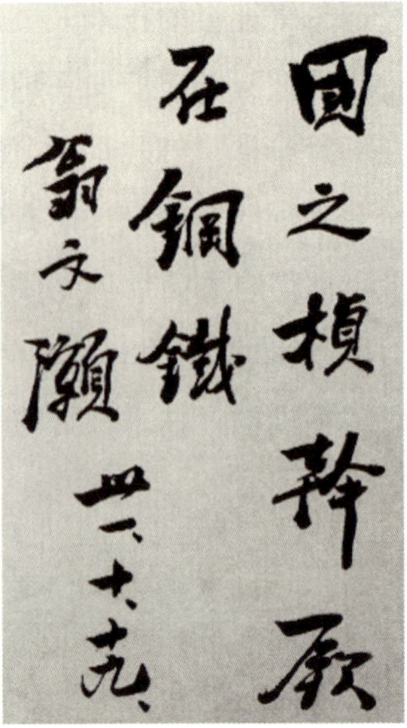

翁文灏写给钢迁会的题词

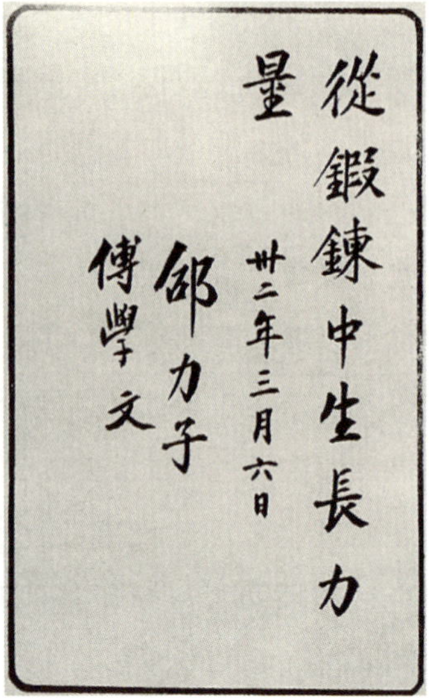

邵力子、傅学文写给钢迁会的题词

钢迁会的不足

由于煤铁供应不足等原因，钢迁会的实际生产水平远远未能达到它的设计能力，生产时断时续。如钢迁会的100 吨炼铁高炉，在出铁后不久就因原料供应不足，不得不停火停产。这一停就是两年多。1943 年 7 月 7 日，100 吨高炉再次点火开工。这一次还邀请了名人邵力子专门为此做了演讲。可是，九个月后，高炉又停火停产了。这一次又停了两年多，1945 年 10 月，100 吨高炉才又开炉。另外，

用钢迁会钢材制成的迫击炮

用钢迁会钢材制成的六厘米迫击炮弹

20吨高炉在1943年也是全年停产。

虽然钢迁会成立了专门的运输股、綦江水道管理处等部门来解决战时的煤铁运输问题，但运输困难一直是困扰钢迁会的大难题。綦江水道虽然由导淮委员会进行了疏浚、修了闸，但仍然难以从根本上解决运输困难的问题，而且水路运输还受到天时限制。钢迁会自己也深知綦江水道的运输状况，一度想要建设一个空中索道，连接綦江铁矿与南桐煤矿。这个设想十分诱人，但钢迁会战时经费紧张，根本无钱投资兴建这一项目，使得这一设想最终也只能是空想。

钢迁会的另一大不足是产品的质量问题。钢迁会的生产经营实行的是战时体制，即按照兵工署下达的制造命令，自行购置原材料组织生产。每月的产品数量多寡也是根据兵工署拨款的多少而定。国民政府对钢迁会的产品实行“包干销用”的政策。换句话说，不论钢迁会生产出什么样的产品，政府都统盘接收，负责销售。这样，钢迁会实际上不需要对产品质量和企业的盈亏负责，从而导致各厂矿普遍存在产品成本高、质量低的问题。

十一 举世哗然——“三·二三”惨案震恐山城

战后复员对钢铁厂的打击

抗战时期钢迁会将汉阳铁厂的主要生产设备迁到重庆，随之而来的还有原厂的工人和技术人员，这促进了重庆的工业化发展。钢迁会作为抗战大后方最大的钢铁联合企业，拥有最大且唯一一座 100 吨炼钢炉及其他各式炼炉，它所生产的产品除了供应国防军需，还满足民营企业的需求。抗战胜利后，随着国民政府还都南京和抗战时期迁川工厂的大量复员，重庆不但失去了战时首都的显赫地位，抗战中艰难起步的重庆工业也受到了致命打击。而且由于国防军事的需求量减少，钢迁会的发展也陷入低谷。

抗战结束后，重庆工业发展不景气，市场萧条，物价暴涨，钢铁厂生产停滞，导致工人失业，他们的生活极度

钢迁会工人在轧钢

◎小贴士

战后的重庆经济：抗战胜利后，重庆一度跌落的物价从1945年11月开始回升，物价如脱缰之马，一发而不可收，呈现愈涨愈猛之势，当时市民形容战后物价为“涨风吹不尽，物价时时升”。以当时重庆各报报道的米价为例：1946年4月3日，大米由每石1.1万元涨至1.7万元，4月20日涨至2.4万元。然而据1946年上半年调查：当时重庆在业工人工资月薪一般为1万元至1.5万元。可见，工人的生活何其艰难，不相匹配的工资与物价将工人推向饥寒交迫的死亡线边缘。

困苦。1946 年，钢迁会工人在一封致全国各界的控诉书中这样写道：“为了争取抗战的胜利，我们日夜地工作着，生产军火。任何苦痛的生活，我们都咬着牙忍受过来了，只希望胜利后过一些无忧无虑的日子。事实却不然，抗战虽然胜利了，我们的生活却一天天比胜利以前更痛苦。”可见，工人们的生活痛苦不堪，连维持基本的生活都成问题。

一则消息激起的惨案

1946 年 3 月 19 日，一则消息在钢迁会工人之间广泛流传：兵工署决定为钢迁会工人增加一倍工资，而厂方开会决定每个工人增加工资最高的不能超过旧有工资所得的 20%，还准备将一些工人遣散，这则消息引起钢迁会工人的强烈不满。

3 月 21 日，愤怒的工人们汇集在香涛院办公室前请愿，向厂方表达工人界的诉求，要求厂方代表出面解释，给予答复。厂方负责人避而不见，派警卫队队长袁时中等到场阻止并疏散工人们。随后，工人代表提出维护工人权利、改善工人待遇的要求。厂方一面对工人进行解释疏导，要求工人们安心工作，等候回复；一面却积极准备武力镇压。

3 月 22 日，钢迁会召集各部门负责人商讨应对措施，并与更容易被厂方控制的各制造所的领工、领首达成协议。随后，工人代表项东山、杨光明等召集工人开会商议，他们表示对领工、领首们认为满意的协议不能同意，并决定于第二天早晨发动全厂工人进行罢工抗议。午夜，厂方突然实行全厂戒严，逮捕了项东山等七名曾在请愿时发言的工人代表，将其连夜解送至兵工署审讯。

3 月 23 日清晨，听闻七名工友被无辜逮捕，全厂工人及其眷属们愤怒至极，齐聚中山堂前讨论营救办法并要求厂方释放被捕工友，并进行“反饥饿、反压迫”的大罢工。警卫队队长袁时中率军警前来镇压，与工人们发生冲突，冲突中袁时中率先开枪，事先布置好的机枪也同时开火，当场打死工人谢汉生，重伤 8 人，轻伤和失踪者多人，事后又强迫资遣了 21 名工人，造成了震惊山城的“三·二三”惨案。

“三·二三”惨案发生后，钢迁会全厂工人举行了大规模的罢工，向国民党当局提出惩办凶手、提高工人工资、改善劳动条件等要求。3 月 24 日，全厂工人及眷属共 1400 人，以集体名义在重庆《新华日报》发表名为《大渡口钢铁厂血案经过真相》的报道，揭穿了厂方妄图逃避罪责的阴谋。工人们的悲惨遭遇得到社会各界的广泛关注，《新华日报》从工人罢工后直到 6 月 6 日，对事件及其后续进行了大量的报道，并由周恩来亲自撰写了《严重的工潮如

重慶大渡口兵工廠工人

向全國各界悲憤控訴（來件）

要求各界伸雪這一無法無天的暴行

全國各界親愛的同胞們：

三月二十三日上午八時，在堂堂陪都所在地的重慶，發生了兵工廠武裝警衛隊屠殺無辜工人的大慘案，慘案發生的地點是大渡口鋼鐵廠（第三兵工廠）在這慘案中，被機槍、手槍、步槍打死的工人有四人，重傷的八人，輕傷的更無法計算，我們是慘案的目擊者，對於這種無法無天，違反蔣主席四項諾言的暴行，心裏是無限的憤怒和悲痛，因此，敢於向各界同胞提出悲憤的控訴，我們期待着有良心的同胞們給我們同情，給我們援助，給我們伸冤。這裏，先把慘案的經過，作一簡要的報告：

兵工廠工人向來過着工人中最黑暗的生活，但他們對國家，對抗戰的貢獻却是很大的，爲了爭取抗戰的勝利，我們日夜的工作着，生產軍火，任何苦痛的生活，我們都咬着牙忍受過來了，只希望勝利後過一些無憂無愁的日子。事實却不然，抗戰勝利了，我們的生活却一天天比勝利以前更痛苦。我們的工資，最高的僅每月一萬五千元，最

《生活知识》杂志刊登大渡口血案的报道

何解决》的社论，向全国各界控诉国民党军警开枪屠杀工人的罪行。此外，周恩来将社会各界人士援助受难工友的70000余元捐款转交钢迁会工人。

钢迁会工人的罢工斗争一直持续到1946年4月4日，其间得到了其他工厂和社会各界的声援和支持。在工人们的不懈斗争下，钢迁会厂方不得不答应工人们提出的要求，增加工人一倍的工资，实行八小时工作制。

十二 涅槃重生——军代表接管二十九兵工厂

钢迁会改名二十九兵工厂

“三·二三”惨案后，厂方迫不得已答应工人们提出的改善工人待遇的要求，但实际上钢迁会工人的生存状况并没有得到有效的改善，继续处于政治上受压迫、经济上被剥削的地位。此时的钢迁会，仍面临着重重困难：一是随着抗战胜利后国民党还都南京以及随之而来的内战，国统区内经济崩溃、货币贬值、物价暴涨、大批工矿企业缩减或倒闭，钢迁会出现经营不善、管理不到位、效率低下等问题，很多小高炉倒闭，生产停滞；二是人才流失，一部分有学历懂技术的人被国民党派往美国学习，还有一部分有门路的人去东北、华北等地的钢铁企业谋生，更多的人则对钢厂和自己的未来忧心忡忡。

1949年3月1日，钢迁会改名为兵工署第二十九工厂。随后，其所属的单位在原有基础上作出相应调整。第一、第二、第三、第四制造所未变，第七、第八制造所分别改为第五、第六制造所，附属的南桐煤矿改为第一分厂，綦江铁矿改为第二分厂，綦江铁路局改为第三分厂。此外，钢迁会改为二十九兵工厂后，技术人员都被授予“上尉”“少校”“中校”等军衔，实行军事化管理。然而，钢迁会的更名并没有给工厂带来实质性的改变，相反，严酷的现实很快使工人们的希望破灭。

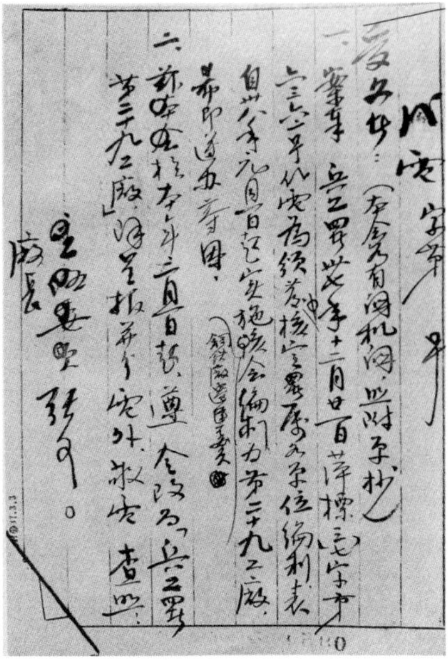

钢迁会更名为二十九兵工厂的代电

就1949年上半年而言，工厂电炉仅开工37天，平炉开工103天，钢板轧机开工30天，钢条厂开工110天，可见，工厂面临着开工不足的严重问题。到了下半年，由于运输困难，原料已所剩无几，二所的两座大小高炉相继停火，三所的平、电炉和四所的大小轧机也都停工，办公室也逐渐没人上班，工厂实际处于“暂行停工，待机复业”的状况。这时，全国即将解放的大好形势已为人们所共知，黑暗即将过去，曙光即将到来，人们在心底焦急地等待着黎明。

重庆解放与军代表接管二十九兵工厂

1949 年 11 月 30 日，解放军各部陆续过江进入重庆市区，宣告重庆解放，整个山城沸腾了，到处欢天喜地，锣鼓震天，鞭炮声和欢呼声响彻云霄。重庆人民迎来了解放，阳光照进了大渡口的二十九兵工厂。

重庆解放后，1949 年 12 月 3 日，中国人民解放军重

◎小贴士

重庆解放碑：全称“抗战胜利纪功碑暨人民解放纪念碑”，简称“解放碑”，是全国唯一一座纪念中华民族抗日战争胜利和重庆解放的历史建筑，位于重庆市解放碑商业街中心地带，也是重庆市最有名的地标之一。解放碑最初筹建于 1940 年 3 月 12 日孙中山逝世纪念日，于 1941 年底正式落成，命名为“精神堡垒”，以激励中华民众奋力抗战以取得胜利。抗战胜利后改名为“抗战胜利纪念碑”，1950 年，经西南军政委员会核准更名为“人民解放纪念碑”，同年 10 月 1 日，时任西南军政委员会主席刘伯承为“人民解放纪念碑”题写了碑名。

军管会通行证

庆市军事管制委员会宣告成立，开始全面接管工作，虽然接管工作繁复且艰巨，但是在大家团结一致的努力之下，各方面工作开展顺利。12 月 6 日，重庆市军事管制委员会派来军事代表陆凤翔接管了二十九兵工厂。

军代表陆凤翔等一行人一进厂，立即受到工人群众的热烈欢迎，他们在鞭炮锣鼓声中被簇拥着进入中山堂会场。陆凤翔和助理军代表赵文刚首先向工人群众问好，并向职工们宣告：“国民党反动派已经被我们打倒了，现在工人是工厂的主人，工厂是工人的家，工厂要工人自己来管理；当前的主要任务就是依靠大家修好机器，早日恢复生产。”工人们对军代表这番振奋人心的发言报以热烈的掌声。军代表、党组织、工会组

陆凤翔

织在抓恢复生产的同时，也积极组织力量对职工生活问题进行走访调查，深入家属区调查职工居住、生活状况，花了两个多月走访 400 余户人家，提出解决方案并呈报市里，工厂很快获得救济费（1950 年两次共计 18 万元）。此外，军代表还积极组织在侯家湾修建临时住宅 845 户，使工人们及其家属有了安身之地。

二十九兵工厂恢复生产的工作得到社会各界的援助，军管会进厂不久，全国总工会西南办事处生产部部长李晨、西南钢铁工会主席文功元等组成的工会工作组进驻二十九兵工厂蹲点；西南文协筹委会主席、重庆市文工团副团长、重庆市文协、二野战斗文工团、西南人民艺术剧院等文艺界人士也来到二十九兵工厂。他们在二十九兵工厂军代室

◎**小贴士**

陆凤翔（1913—1958）：原名陆清廉，上海青浦人，1934 年起从事革命活动，1936 年加入中国共产党。曾任中共石家庄市委书记、八路军第一二九师抗日游击第三大队大队长、中共武乡县委书记等职务。新中国成立后，任南京军事管制委员会文教接管委员会办公室主任、解放军西南服务团第一支队队长，后任二十九兵工厂军事代表、西南工业部地质局副局长、冶金工业部华东矿山管理局局长等职。1958 年 8 月 20 日，北京开会后返南京途中，因飞机失事不幸牺牲。

的统一安排下，发挥各自的特点，协助接管与恢复生产等工作。

当时工厂的生产状况非常糟糕，工厂的动脉——两部1500千瓦的交流发电机，被国民党军队溃逃时炸毁了，唯一一座100吨大高炉的锅炉房也被炸毁，附近的相关设备风管、气管、除尘器均受震损伤，烟囱受震后已倾斜。机器停止运转，全厂无水、电、气，入夜后的大渡口一片漆黑，除了能看到工人护厂队在机器、设备以及厂房外巡逻时用的马灯发出微弱的亮光外，其他什么都看不到，有时还会听到枪声、狗吠声和鸡鸣声。面对这种情况，陆凤翔、赵文刚遵照上级指示，立即组建党支部领导着手进行恢复生产和宣传教育等工作。军代室以厂行政名义召开全厂职工大会，要求全厂树立成本观念、企业文化观念和民主管理观念等“三个不可缺少的基本观念”。同时召开全厂职工大会，由军代表陆凤翔主持，助理代表赵文刚针对当时的思想问题，讲解党的方针政策；工作组的同志还教工人高唱《没有共产党就没有新中国》《咱们工人有力量》等革命歌曲。这期间，军代室还连续开办几期“工人训练班”，讲的内容是“历史唯物主义”“劳动改造世界”“中国共产党与中国革命”等，很受职工欢迎，广大职工积极参与讨论，讨论中工人倒苦水、挖苦根、提保证、表决心。在先进思想的影响下，工人们将捡到的国民党兵逃跑时丢弃的物资和平时拿的公家的东西都主动地交了出来，很快形成了“公物还家”的热潮。在各方日夜努力之下，二十九兵工厂逐渐恢复了生产。

十三 新中国第一根钢轨的诞生

开足马力 恢复生产

军代表接管二十九兵工厂后，首要任务就是解决职工生活问题和尽快恢复生产。二十九兵工厂在当时虽然是西南地区最大的钢铁企业，但是在解放初期遭到了一定程度的破坏，机器设备残缺不全，生产条件艰苦，而且由于大渡口处在极为狭窄的山沟里，一部分人认为钢铁厂根本没有发展余地；而另一部分人则认为工厂虽遭到破坏，但平炉还可以年产上万吨钢，6400 马力蒸汽机等大型机器都可以修复后使用，厂区 1.5 平方公里较平的地面和许多丘陵地带也可以设法开辟出来，尤其重要的是还有一些富有经验的技术人员和吃苦耐劳的老工人，这些都是工厂宝贵的财富，因此二十九兵工厂还是有很大的发展前途。军代

新中国成立初期二十九兵工厂厂貌

表及厂领导通过多次走访调研，倾听广大职工群众的意见，决定开足马力，发挥艰苦创业的精神，全面开展抢修设备、清理厂区、恢复生产等工作。

1949 年 12 月 8 日，二十九兵工厂发动全厂职工整修被损毁的厂房，恢复生产的工作由此正式展开。恢复生产的工作虽然艰巨，但是工人们日夜奋战在一线，以饱满的热情投入其中。12 月上旬，二十九兵工厂工人完成了南桐煤矿库存的一台 170 马力直流发电机的安装工作，开始为工厂供电。1950 年 1 月，开始修复平炉的任务，历经近 4 个月的努力，终于完成。清理炉内残渣工作量大、任务重，100 吨高炉和 20 吨平炉内的残渣和半熔状的原料高达炉腰，将残渣全部清理完毕耗时耗力。1950 年 1 月中旬，所有20吨炉内的残渣全部清理完毕，3月底，20吨炉修复完成；100吨炉由于清理、修复任务艰巨，直至7月初才清理、修复完成并投产。其他设备的修复工作也很复杂艰辛，很多大型机器部件废弃，锈迹斑斑，工人们将这些部件一一寻来，擦洗干净，重新安装。经过5个月的日夜奋战，二十九兵工厂烟囱升起缕缕青烟，厂房传来轰隆隆的机器声，重新焕发着勃勃生机。

新中国第一根钢轨的诞生

在二十九兵工厂恢复生产工作开展得如火如荼之时，西南局正在酝酿修建重渝铁路，而首要的问题就是钢轨的来源。

此时的二十九兵工厂还在恢复生产中，作为西南地区最大的钢铁厂，能否供应修建重渝铁路所用钢轨，在一些专家看来需要打一个大大的问号，他们认为二十九兵工厂没有发展前途，没有足够生产能力为重渝铁路供应钢轨；而厂里有经验的技术员工却对已经在恢复生产中的二十九兵工厂充满信心。

这时，中央重工业部钟林副部长提出了由鞍钢一粗轧厂供应重庆二十九兵工厂钢坯的设想，他带来了以朱也夫为首的重工业部苏联专家小组，苏联专家与我国专家一起

工人在钢轨试轧过程中集思广益

商议改进大型轧钢场的措施，大家都认为重庆完全能够生产出合格的钢轨。最后，由中央重工业部和西南工业部联合提出修建成渝铁路的方案——由鞍钢供应钢坯，二十九厂轧制钢轨。

在苏联专家的指导下，经过工人们的不懈努力，钢轨轧机安装、修复成功，钢轨场恢复了生产。1950年5月10日，工程师潘继庆主持，金石声、邹承祖等工程技术人员依据英制资料，以6400马力蒸汽机为动力机，利用1938年从

新中国成立后轧制出的第一根钢轨

汉阳铁厂迁来的800毫米轧机，在加工修补的旧辊上，用自炼的小钢锭，试制轧出了85磅/码的重轨，这是新中国第一根汉阳式重型钢轨。钢轨轧制成功后，厂房内欢呼声不断，很多人流下兴奋的泪水，这根钢轨凝结了无数工程师及工人的心血。

新中国第一根钢轨在二十九兵工厂轧制成功，引起了各方领导的关注，中共中央西南局、西南军政委员会、中共重庆市委员会、重庆市人民政府等机关的首长，报社记者、兄弟工厂代表等350人冒雨参观了工厂，称赞二十九兵工厂轧出钢轨为西南和全国经济建设做出了巨大贡献。但由于生产条件有限，要完成向成渝铁路供应钢轨的任务，还有相当大的困难。

85 磅 / 码重轨试制成功后，投入批量生产。一次偶然的机会，一直在二十九兵工厂指导钢轨轧制工作的钢铁工业管理局副局长刘柏罗发现，铁道部的《钢铁标准手册》中竟查不到二十九兵工厂生产的这种 85 磅 / 码宽底重轨。经调查得知，原来世界上先进国家早已淘汰了这种落后的宽底钢轨，代之以新型的窄底、大头钢轨，并增加了轨底垫板。此时，国家修建重渝铁路的设想已经形成，二十九兵工厂负有供应钢轨重任，为保证顺利完成此项任务，二十九兵工厂再接再厉，承担了研制新型重轨、鱼尾板的光荣任务。

1951 年 6 月，一〇一厂（1951 年 3 月 1 日第二十九兵工厂更名为西南工业部一〇一厂）开始正式研制中华 38 公斤 / 米重轨，与 85 磅 / 码重轨相比，这是一套更为先进的研制工序，包括鱼尾板、垫板、螺栓等配件全部需要重

◎小贴士

钢轨规格：钢轨的规格是用公斤 / 米来表示的。每米的重量小于或等于 30 公斤的钢轨属于轻轨，每米重量大于 30 公斤的钢轨属于重轨。1911 年，清邮传部的《奏定八十五磅钢轨及附属品制造验收通行章程》是我国第一部钢轨技术标准。

新设计研制。潘继庆、马修文、邹承祖等工程师承担新型重轨、鱼尾板等的研制任务，在试轧数次失败的情况下，邹承祖根据苏联专家的建议，提出了修改样板的办法，解决了研制过程中遇到的问题。1952 年 4 月 10 日，中华 38 公斤 / 米重轨在一〇一厂试轧成功，新的成品表面光整、圆弧显著，完全克服了 85 磅 / 码钢轨一直无法避免的缺点，随后又生产出了 43 公斤 / 米重轨、24 公斤 / 米轻轨和 100

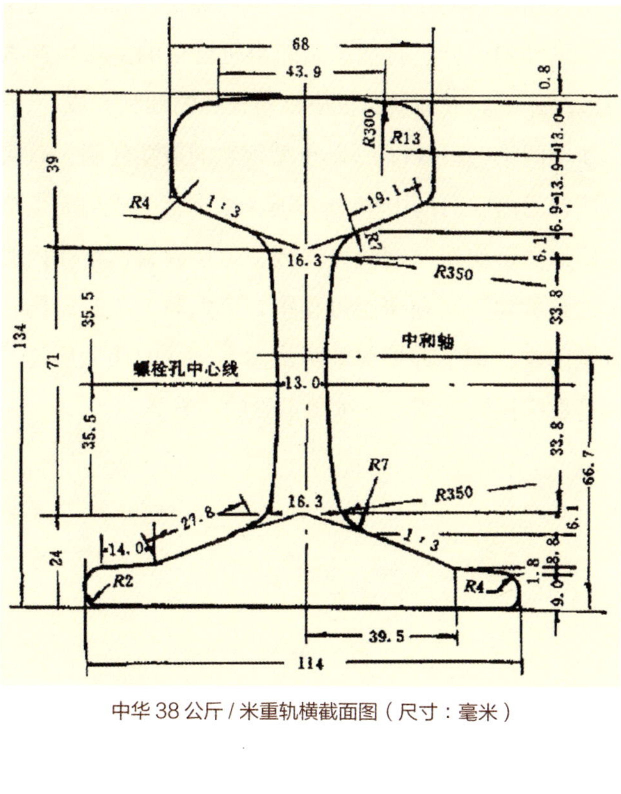

中华 38 公斤 / 米重轨横截面图（尺寸：毫米）

公斤 / 米天车轨。

垫板是铺设重轨时所必须增加的配套件，安装在钢轨和枕木之间，它既可以延长枕木的寿命，又有利于行车安全。以陈宝陞为首的垫板研制小组，经过反复探索，利用厂里唯一一台直径为 450 毫米的轧机，巧妙地设计出一种周期式热轧孔型，轧制出了 150 毫米宽的合格垫板，接着又研制出 400 吨热剪机和 400 吨冲孔机，经过反复摸索研究，在极端困难的条件下形成一条从炼钢、开坯、轧钢、热剪、热冲到检验、打捆、装船半机械化的垫板生产线，有力地保障了向重渝铁路供应钢轨任务的顺利完成。

新中国第一根 85 磅 / 码重型钢轨的成功轧制，直接为随后填补国内空白的中华 38 公斤 / 米重轨的成功诞生奠定了基础，“重庆造”钢轨也支援了包括成渝铁路在内的十几条铁路的建设。在研制过程中，广大职工斗志昂扬、克服重重困难，留下许多可歌可泣感人至深的伟大事迹，这无疑是重庆钢铁工业史上浓墨重彩的一笔。

十四　众志成城共筑成渝铁路

1950 年 7 月，第二十九兵工厂承接了中央铁道部定制的 34000—40000 吨钢轨供成渝铁路修建之用的任务。为了顺利完成任务，二十九兵工厂日夜奋战，一丝不敢放松。

修复 8000 马力蒸汽机

要按时向成渝铁路供应钢轨，必须提高生产效率，需要大功率的动力设备，而当时二十九兵工厂仅有一台 6400 马力蒸汽机，远远不足以保证任务的顺利完成。因此，为了圆满完成祖国交予的任务，必须将废弃多年的庞然大物——8000 马力蒸汽机修复重新启动。

这台 8000 马力蒸汽机是张之洞于 1906 年从英国购入的，在汉阳铁厂用于轧制重轨和大型钢材。全面抗战爆发后，这台机器从汉阳拆运西迁，途中因日机轰炸，很多零件遗失，运到重庆后一直被闲置。面对这样一台残缺不全、锈迹斑斑的机器，修复工作之艰巨可想而知。1951 年 2 月初，中央重工业部副部长钟林及西南工业局副局长刘柏罗在重庆召开会议，就修复 8000 马力蒸汽机进行讨论，会议制定了修复安装的计划进度，自此，艰巨的修复工程开启。二十九兵工厂经验丰富的工程师潘继庆担任此次修复工作的总负责人，钢轨场的李有、西南局刘树武及夏德馨参与修复工作。还有许多经验丰富的老工人、技术人员都对修复工作表现出很高的热情并积极参与其中。

整个修复工作首先从清理机件开始，尚存完整的部件因多年废弃不用，锈蚀严重，工人们除锈、上油，恢复其原有面貌。技术人员多方寻找图纸和参考资料，对蒸汽机缺失的部件进行登记，及时向外面定制加工缺失部件。此外，工人们也在四处寻找散落的部件，每找到一个部件，都将其处理干净归位。设计科的技术人员负责清理旧图，编造目录清册，绘制蓝图，另有运输科派专人负责该机器的运输。1951 年 3 月 15 日以前，全部重大机件均先后运抵轧辊场，修配试装工程正式开始。

1951 年 12 月 9 日，8000 马力蒸汽机安装完成并试运行成功，这样，8000 马力蒸汽机和 6400 马力蒸汽机同时开动，重轨的日产量由 6000 吨猛增到 15000 吨，保证了成

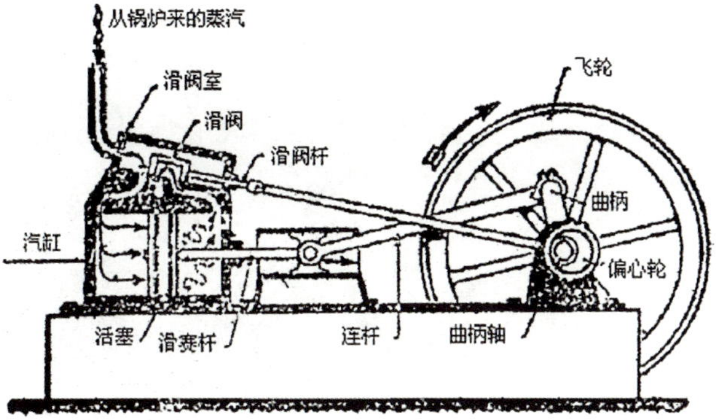

蒸汽机工作原理

◎小贴士

蒸汽机工作原理：蒸汽机是通过燃烧使蒸汽锅炉中的水沸腾为蒸汽。蒸汽从蒸汽锅炉内通过蒸汽管道和蒸汽分配装置(滑阀室)进入汽缸。阀门控制蒸汽到达汽缸的时间，蒸汽经主汽阀和节流阀进入滑阀室，受滑阀控制交替地进入汽缸的左侧或右侧，推动活塞按次序自一端到另一端作往复运动。当活塞的一侧在进汽时，废汽从活塞的另一侧排出。活塞借活塞杆与连杆的一端相连接。连杆的另一端与曲柄轴相连接，蒸汽分配装置（滑阀）是由安装在蒸汽机曲柄轴上的偏心轮来带动的。当活塞在蒸汽压力作用下向右移动时，滑阀向左移动；当活塞向左移动时，滑阀则向右移动。蒸汽在汽缸内推动活塞做功，冷却的蒸汽通过管道被引入冷凝器重新凝结为水。这个过程在蒸汽机运动时不断重复。

工人们在修复 8000 马力蒸汽机

◎小贴士

马力：别称匹，是工程技术上常用的一种计量功率的单位。马力这个单位的概念是由蒸汽机的改良者詹姆斯·瓦特命名，用来表示他的蒸汽机相对于马匹拉力的功率，它的定义为“一匹能拉动 33000 磅并以每分钟 1 英尺走动的马所作的功率”，英制马力约为 745.7 瓦特，公制马力约为 735.5 瓦特，通常所说的马力为公制马力。现在除了航空、造船与汽车工业提及内燃机的功率、空调的制冷性能以外，在其他领域较少用马力这个单位，而会使用标准的国际功率单位瓦特。

现存的 8000 马力蒸汽机

渝铁路全线于 1952 年通车前，全部铺上二十九兵工厂生产的新型重轨。

提前完成成渝铁路供轨任务

1952 年，成渝铁路局为迎接党的生日，准备将成渝铁路提前在“七一”通车，并向一〇一厂提出加快生产中华 38 公斤 / 米重轨的要求。接到上级的任务后，一〇一厂的工人们争分夺秒，斗志昂扬，全厂上下掀起挑战任务的高潮。

一〇一厂虽然已成功轧制出中华38公斤/米钢轨，但由于机器不完善，工人操作不熟练，以致在生产初期产量不高，废品较多，仍有许多问题需要克服。全厂职工针对在生产过程中出现的问题，集思广益，研究解决方案。此外，为了按时完成钢轨生产任务，确保成渝铁路“七一”全线通车，各厂各小组展开了提前完成任务的劳动竞赛，钢轧场一班一天最高轧出钢轨137根，于1952年5月19日完成任务，比计划日期提前11天，合格率为97%。其他小组也不甘落后，一次次刷新纪录，提高产量，提前完成任务。

1952年5月19日，一〇一厂提前11天完成了供应

一〇一厂轧制的供应成渝铁路的钢轨

成渝铁路通车典礼

505 公里成渝铁路全部钢轨的任务。6 月 13 日，成渝铁路全线都铺上了一〇一厂生产的新型重轨，每根枕木上都安装了中国人自己生产的垫板，使成渝铁路成为新中国第一条具有较高水准的铁路。6 月 30 日，一〇一厂召开“庆祝‘完成成渝铁路钢轨及配件任务’授奖大会”，中央人民政府重工业部司长杨天放代表重工业部向一〇一厂颁布了新中国成立以来的第一张一等奖状，并授予锦旗。

1952 年 7 月 1 日，成渝铁路正式通车，实现了四川人民通铁路的愿望。成渝铁路是中国西南地区第一条铁路干线，是新中国成立后建成的第一条铁路，在中国铁路发展史上具有极其重要的意义。

十五 改革开放浪潮下的重钢

在全国率先自销钢材

1955 年 2 月，一〇一厂、西南钢铁公司两家企业合并，简称“西南钢铁公司”。1955 年 4 月，西南钢铁公司改称“重庆钢铁公司”（以下简称“重钢”）。

1978 年 12 月 18 日，党的十一届三中全会胜利召开，开启了改革开放历史新时期，重钢人借改革开放之东风，打破思维的桎梏，果断站在改革前沿，书写时代新篇章。

早在当年 10 月，经国务院批准，四川省选择了重钢等 6 家具有代表性的工业企业率先进行“扩大企业自主权”试点。试点企业除了实行利润留成以外，在生产计划、产品销售、奖金分配等方面也不同程度地有一些权利。扩大企业自主权试点，是改革现行管理制度的一个重要步骤，对于调动企业和职工的积极性，搞活经济起到了促进作用。

1979 年上半年，重钢整体经济状况不容乐观。据当时任重钢副经理的王宇光回忆说：“我们上半年的经济状况越来越不好，到了 6 月份几乎周转不动了，流动资金的占用高达 2 亿多元……”此外，因拖欠银行贷款，每天还须付 5000 元以上的罚金，面对这样的困境，公司上下忧心忡忡。而此时下半年的排产订货计划已经开始安排，由于重钢的中板是长线产品，有 3 万多吨订不出去，垫板有 2 万多吨订不出去，再加上积压在库的钢材共有 10 万多吨货没有销路。此时的重钢犹如一潭死水，如何将重钢的经济由“死”变“活”成为重钢人面临的最大难题。这时，那些敢于第一个吃螃蟹的人就提出通过自销钢材渡过难关，销出计划之外的钢材。虽然重钢是“扩大权利”试点单位，但在当时钢材仍属于国家统配物资，只许调拨，不许销售。经过谋划和市场调查，顶住各方压力，1979 年 9 月，重钢的自销战略正式付诸实施，迈出了走向市场的第一步。

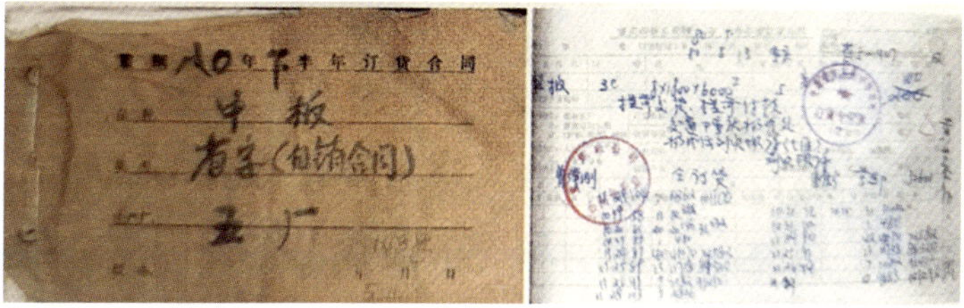

重钢自销钢材合同

至1979年底，重钢自销钢材近13万吨，约占下半年钢材销售额的26%，占全年钢材销售额的19%。这约占总销售额1/4的自销钢材，扭转了重钢1980年上半年生产上的被动局面，带动了下半年整个生产和经营管理。不仅使重钢超额完成了全年各项经济指标，而且使国家、集体和个人都获得了显著的经济利益。自销钢材，也帮助重钢形成用户观念和质量意识，同时也赢得了更多用户的认可，拓宽了产品销售渠道。

在国内首发企业债券

20世纪80年代的重钢，是怎样一番景象呢？在吴晓波所著《激荡三十年：中国企业1978—2008》中有这样一段关于重钢的描述：一位日本记者在重庆炼钢厂发现了一台140多年前的机器……那位记者不敢相信自己的眼睛，他指着机器上的出厂标问厂长：“这是不是把年代搞错了？”是的，19世纪张之洞时代引进的英国7500马力蒸汽传动轧机，在1985年以前依旧在厂房里挣扎着。20世纪80年代的重钢由内而外面临着一系列严峻的问题：内则厂房破旧，设备落后，产能不高，工艺落后，发展缓慢，职工生活拮据；外则面对改革开放后兴起的现代化钢厂的竞争毫无优势。当时就有人断言：“重钢再不进行技术革新，不久的将来就会变成一堆废铁。”此时重钢领导人深深地感受到了生存危机，他们意识到对旧体制、旧模式的改革是改变企业命运、摆脱困境的唯一出路。

1984 年 9 月 4 日，国家计委批准了重钢《十年技术改造方案规划》，之前全厂上下团结一心攻克了一个又一个难题，但如今最大的挑战莫过于进行技术改造的资金筹集问题。按计划重钢前期铁系统改造及后期钢系统改造需要近 15 亿元资金，这么大一笔资金哪里去找？在国家投资无望的情况下，重钢决定自筹资金进行技术改造。

1986 年 12 月，重钢与中国工商银行重庆分行联合向社会发行债券 1 亿元，企业债券一次性发行上亿元的情况，在当时的国内还是闻所未闻，一时间，社会上各种舆论压力排山倒海而来。出乎意料的是，重钢发行的债券很抢手，先后价值 2 亿元的重钢债券被一抢而空，这在当时创造了全国第一的纪录。“七五”期间，重钢共 4 次向社会发行

◎小贴士

债券：政府、企业、银行等债务人为筹集资金，按照法定程序发行并向债权人承诺于指定日期还本付息的有价证券。债券的本质是债的证明书，具有法律效力。债券购买者或投资者与发行者之间是一种债权债务关系，债券发行人即债务人，投资者（债券购买者）即债权人。

重钢向社会发行企业债券

债券，累计发行 3.3 亿元。重钢先后通过发行企业债券、开展补偿贸易等自筹资金方式进行大规模的技术改造，进行了炼铁、炼钢、轧钢系统的技术改造，不但达到 150 万吨的年生产能力，而且依靠高新技术对传统生产方式和设施进行革新，成为全国第一家自筹资金进行技术改造的钢铁企业。

在全国率先实行厂长（经理）负责制

党的十一届三中全会召开后，为了改变企业内部多元领导、权责不清、效率低下的领导制度，中央提出实行厂长（经理）负责制。重钢根据国家政策要求着手进行领导体制改革，并成为全国实行厂长（经理）负责制的首批企业之一。

我国国营企业自 1956 年开始实行党委领导下的厂长负责制，多年的实践经验表明，这种企业领导体制有一定的优势，但是也存在不少弊端。由于党委权力过于集中，存在权责分离、书记拍板的弊端，随着企业自主权的扩大，这种领导制度越来越不能适应重钢的发展。

1984 年 6 月 22 日，重钢与歌乐山矿签订了全面承包合同，为了使承包合同圆满实施，该矿被选为公司第一批试行厂长（经理）负责制的单位。7 月 10 日，重钢及其二级厂矿正式实行厂长（经理）负责制，随后，重钢领导任命了郭代仪等 13 名厂（矿、处、校）长，8 月底，重钢及其二级厂矿 11 个实行厂长（经理）负责制的单位相继由正职提出副职人员名单，组成行政领导班子。

重钢是全国冶金系统大型钢铁企业的第一批试点单位之一，经过一系列艰苦卓绝的改革，形成了“厂长全面负责，党委保证监督，职工民主生活”的新领导体制。实践证明，实行新的领导体制，有如下几点好处：第一，有利于企业的管理经营，又能改善和加强党对企业的领导；第二，有利于改变权责不明、无人负责的弊端，提高工作效率；第三，有利于扩大企业经营自主权，激发企业活力。实行厂长（经理）负责制，各级管理人员、职工工作的积极性被充分调动起来，企业在改革浪潮中迸发出前所未有的活力，为之后国有大型企业集团试点、现代企业制度试点改革奠定了坚实的基础。

十六 把握机遇 锐意改革

国有大型企业集团试点改革

我国国有大型企业集团的发展大致经历了孕育、萌芽、初创、发育成熟四个阶段，1990年起，其发展进入发育完善阶段，迈进了飞跃发展期。1991年，国务院批转了国家计委、国家体改委和国务院生产办公室关于选择一批大型企业集团进行试点的请示，决定选择机电、冶金、能源等行业的55家国有企业集团进行试点，并从计划、财政、金融、外贸等方面制定相应的配套优惠政策予以支持，力图将企业集团的发展推上一个新台阶。按照国家、省、市的指示精神，1992年6月，重钢成立“重庆钢铁公司集团办公室”，负责重钢集团化组建工作。

1992年9月，重庆市人民政府颁布《关于调整冶金工业组织结构的决定》，决定以重庆钢铁公司为主组建重庆钢铁集团，由重庆市冶金局管理的重庆无缝钢管厂、重庆耐火材料总厂、重庆江津钢铁厂、重庆铁合金厂、重庆南岸耐火材料厂、重庆江南耐火材料厂和重庆钢铁研究所等“八厂一所”按照企业自愿的原则加入重钢集团。1992 年 11 月，首批进入重庆钢铁集团的 7 家企业法人代表在协议上签字。这些企业进入集团后，企业法人地位未变、职能未变，享有政府的优惠政策不变，拟定的技改项目与资金来源予以保留。只是资产经营管理的渠道有所改变，由重钢公司对各企业的生产经营进行协调。

1992 年 12 月 24 日，重庆钢铁集团正式成立，以重庆钢铁（集团）公司为核心企业，旗下聚集了 25 个紧密层成员单位、13 个半紧密层成员单位和 67 家松散层成员单位。冶金工业部为祝贺重钢集团的成立发来

重庆钢铁（集团）有限责任公司挂牌

贺电，对重钢多年来所做努力给予极大的肯定："重钢在多年广泛开展横向经济联合的基础上，进一步组建了有自己特色和相当实力的企业集团，不仅对西南地区钢铁工业和经济的发展具有重要的作用，而且也将作为全国大型钢铁集团之一，发挥钢铁工业主力军的作用。"

经过多年改革摸索，1999 年 4 月 12 日，国家经贸委、重庆市经贸委联合同意重钢集团试点实施方案，重钢成为国有企业集团试点单位。

成为全国首批现代企业制度试点单位

建立现代企业制度，是我国国有企业改革发展的必经之路。1993 年 11 月，中共十四届三中全会在北京召开，全会通过了《中共中央关于建立社会主义市场经济体制若干问题的决定》，这个决定勾画了社会主义市场经济体制的基本框架，明确指出我国国有企业的改革方向是"建立适应市场经济和社会化大生产要求的，产权清晰、权责明确、政企分开、管理科学的现代企业制度"。

1994 年春天，国家体改委成立了工作组在全国考察调研，推荐 100 家企业进行"现代企业制度"试点改革。重庆也属试点范围，但是拥有百年历史的重钢起初却不在入选之列。

事情是怎样的呢?

原来在1994年3月中旬，重钢总经理郭代仪去市里参加一个会议，在会上碰到了市体改委冯秀文，从冯秀文那里得知重钢并未在试点推荐企业之列。得知此消息的郭代仪激动地说：“重钢一定要争取试点，重钢是一个有着上百年历史的老企业，如今，国有企业面临的弊病和困难，重钢都不同程度地存在，有的甚至更严重，很具有代表性。”

为争取到试点企业，回到重钢的郭代仪连夜召开班子成员会议，他再次阐明立场：“我们要据理力争，当仁不让，拼尽全力挤进全国100家试点企业之中。”大家对此表示充分的理解和支持，同时郭代仪的表态也获得重钢历届老领导的支持。随后，郭代仪与总经济师樊道理等人多次远赴北京，拜访了国家体改委、国家经贸委等领导同志，并当面汇报了重钢的历史、讲述了重钢的现状，表达了“推现”的决心。事实上，早在国家提出建立现代企业制度之后不久，在重钢能否成为试点企业还是一个未知数的时候，郭代仪就指示经理办起草了《重钢推行现代企业制度的总体思路》等文稿，表现出重钢人在机遇面前，主动出击，迎难而上的精神。

1994年11月2日，国务院最终确定的100家“推现”试点企业名单，重钢榜上有名。

1994年11月28日，重钢“推现”试点领导小组成立，

重钢现代企业制度试点方案论证会

郭代仪亲任组长，党委副书记龚荣光、工会主席江涛任副组长，丁树臣担任“试点办”主任。12月中旬，“试点办”工作全面展开，重钢现代企业制度试点《总体方案》框架结构初步确定，并上报国家经贸委请求指导和审议。1995年初，北京传来消息，国家经贸委原则上通过了重钢的《总体方案》，并明确要求：进一步细化，课题设置应更有科学性。此后，郭代仪、丁树臣等夜以继日地审稿，召集各方面人士不断地讨论、补充、完善。1995年3月底，《总体方案》第一稿完成，共2万余字，后经修改补充，到5月底，《总体方案》第二稿完成。6月初，《总体方案》

第三稿经重钢职代会代表团长会议审议通过，6月11日上午，“重钢现代企业制度试点《总体方案》论证审定会”在重庆市政府会议厅召开，会议决定：重庆市有关部门要认真帮助、指导重钢搞好“推现”试点，并在试点的重点、难点问题上有所突破，为国有企业改革探索一条切实可行的道路。至此，经过反复修改、补充完善、汇集广大职工智慧的《方案》最终定稿。《方案》得到重庆市政府的支持和肯定，使其实施有了坚实的群众基础，重钢人抓住机遇，锐意改革，对重点、难点问题大胆创新和探索的精神值得我们每个人学习。

十七　生态环保搬迁谋发展

1997 年，经中共中央批准，重庆设立直辖市。直辖后的重庆，在西部大开发的热潮中逐渐成为国家深化改革的重镇。在重庆，重钢集团是一个历史悠久、地位重要，具有重大影响力的国有企业。但在重钢发展史上，有三个“心病”。哪三个“心病”呢？一是严重污染环境，重庆主城区 50% 以上的污染物都是重钢的“杰作”；二是规模效益不彰，重钢产钢量占全国钢产量比例每况愈下，日益萎缩；三是矿石资源短缺，重钢所用铁矿石 70% 以上需要从国外购入，由此所产生的运费等一系列费用就比国内其他钢厂高出数亿。

面对日益严峻的生存环境，重钢人深切地感到，一个迫在眉睫的挑战摆在自己的面前，经历了百年风雨的重钢还能再次崛起续写辉煌吗？

生存危机下的抉择

在新的历史发展时期，重钢发展遇到外部环境变化和内部发展瓶颈带来的巨大压力和挑战，面临着何去何从的重大抉择。思考重钢的发展大计、开拓重钢的生存之道是重钢新一届领导班子的重要议题。

2006 年 2 月 25 日，重钢新一届领导班子成立，他们承载着重钢未来发展前途的使命。4 月 4 日，为谋重钢发展的“重钢集团发展战略研讨会”召开，领导班子依据国务院颁布的《钢铁产业发展政策》，围绕重钢发展中的资源、运输、环境等方面存在的制约因素进行研讨，集体破解重钢未来发展的“生”“死”问题。研讨会结束后，经过一番周密的分析讨论，重钢决策层形成初步共识：重钢人的唯一选择——搬迁。随后，时任重庆市政府常务副市长黄奇帆到重庆市环保局调研重庆市环境状况时，明确提出对重钢的搬迁由“十二五”期间提前到“十一五”期间实施，并责成重钢对市政府提前搬迁的决定表明态度。经过重钢领导班子的充分调研商议，他们表示：“坚决拥护市政府提前搬迁重钢的战略决策，对实施以节能减排为目标的提前搬迁也充满信心。”重钢集团的表态和决心，得到了重庆市委、市政府领导的理解与支持。6 月 7 日，受市领导的委托，时任市政府副秘书长、市国资委主任崔坚召集重钢主要领导开会，就启动重钢搬迁达成了冠名“生态环保搬迁”的共识。

2006年7月13日，“推动重钢集团持续发展方案讨论会”在钢城大厦召开，市政府办公厅、市经委、市发改委、市国资委、财政局、国土局、规划局、环保局、研究室等职能部门负责人出席讨论会。会上重钢领导班子相继发言介绍了推进重钢集团持续发展方案的总体思路，汇报了实施重钢集团持续发展方案所需要的政策支持，并就市政各部门负责人所提出的相关问题进行详细回答。经过科学论证，会议明确指出：“重钢的搬迁就叫环保搬迁，通过环保搬迁，彻底解决环境污染、矿石资源、规模效益三大问题，实现重钢集团的可持续发展目标。”

20世纪90年代的重钢厂区

从此以后,“生态环保搬迁”这六个字打上了时代烙印,成为重钢职工和重庆市民一致认可的响亮口号,重钢生态环保搬迁拉开序幕。

落户长寿　迎来重生

与历史上汉阳铁厂、钢迁会的选址一样,重钢新厂区的选址工作也同样复杂艰难,并在社会上引起了极大的反响。

在得知重庆市政府将对重钢集团实施生态环保搬迁的消息后,重庆市长寿区、巴南区、江津市、万州区、涪陵区等地党政主要负责人纷纷表达了争取重钢在本地区“落户”的意愿,随即报送了各区的建议方案,由于各种客观因素和条件的制约,在渝北区、江北区、涪陵区、万州区等处设厂的方案相继被否定,候选名单上只剩长寿区江南镇、巴南区麻柳嘴、江津市德感工业园区 3 家。最后,经过反复科学论证、多次实地考察,大部分人倾向于选择长寿区。2006 年 12 月 26 日和 27 日,时任重庆市长王鸿举、市委书记汪洋先后在《关于重钢集团环保搬迁选址的意见》上签字,同意重钢选址长寿区江南镇,实施生态环保搬迁。

重庆市长寿区江南镇作为重钢搬迁的新基地,为何会对其有如此大的吸引力?这还要从江南镇的地理位置和经济可持续发展情况说起。

第一，长寿区位于重庆市主城东北隅，地跨长江南北，东南接壤涪陵区，西南与渝北区、巴南区为邻，东北接垫江县，西北与四川省邻水县相接，地处三区交界的地域要冲，是重庆陆路的交通枢纽和长江上游的重要港口，辖区面积67.89平方公里，从区位条件来看，适宜发展重工业。

第二，长寿区具有独特的资源优势，境内矿产资源丰富，有开采价值的矿藏20多种，其中天然气储量达3000亿立方米，是全国已探明的大天然气田之一，天然气净化输出量占全国的42%。煤炭储量4598万吨，优质白云岩10亿吨，特优级石灰石20亿吨，厚层岩盐数十亿吨，沙金、硫铁矿、黄铁矿、铝土矿、钾矿、石膏等储量颇丰。显然，这将有力地促进西南一带的社会经济发展。

第三，长寿区江南镇历史积淀厚重，有丰富的自然资源以及良好的生态环境，蕴含着巨大的开发前景。长寿区是重庆城乡融合发展的示范区，撤县设区以来，加快推进重庆工业高地、现代农业基地、休闲旅游胜地和区域物流中心“三地一中心”建设，产业布局趋于合理化，其未来的发展远景令人瞩目。

2007年5月17日，重钢生态环保搬迁改造工程奠基仪式在长寿区江南镇举行。2009年9月，重钢长寿新区第一条具备业内领先水平的生产线（4100毫米宽厚板生产线）

重钢集团环保搬迁改造工程奠基仪式

投产运行。2011 年 9 月，搬迁工程全面完成，长寿新区拥有年产 650 万吨钢的生产能力，大渡口老区生产设备全线同步关停，并开始大规模地拆除。

重钢的生态环保搬迁过程，也是重钢文化继承发展、再造升华的过程，涅槃后的重钢，正在长寿江南镇这片热土上积蓄力量，昂首展翅，为长寿区发展注入新鲜血液，以重钢为龙头，引进钢铁冶金等企业，形成钢铁冶金循环经济产业链，

重钢的搬迁于大渡口而言是一个挑战，重钢搬迁后，留下了 7500 余亩的整片沿江土地，在寸土寸金的主城区，这是一笔巨大的财富，如何转型发展，是大渡口面临的时

位于长寿的重钢厂区夜景

代选题，重钢部分老厂区被改建为重庆工业博物馆，结合文商旅多元业态，进而打造成为重庆工业文化博览园，建成国家工业遗产改造典范，传承山城百年工业历史，展示工业发展丰硕成果。重庆工业文化博览园将于 2019 年 10 月对外开放，届时会展出大烟囱、老厂房等重钢的存留物和许多能够反映、记录重庆工业发展不同阶段的代表性藏品。

重钢的生态环保搬迁，让人们不仅看到重钢的转型升级，还感受到重庆市强劲的发展脉动。环保搬迁，使重庆市实现了经济效益、社会效益和环境效益的共赢。

主要参考资料

重钢档案处编：《百年重钢》，四川科学技术出版社 2002 年版

湖北宜昌市地方志办公室：《宜昌大撤退图文志》，贵州人民出版社 2005 年版

［日］前田哲男著，王希亮译：《从重庆通往伦敦、东京、广岛的道路：二战时期的战略大轰炸》，中华书局 2007 年版

胡政主编，关书敏、唐昌伦副主编：《招商局与重庆：1943—1949 年档案史料汇编》，重庆出版社 2007 年版

重钢集团档案馆编：《中国钢铁工业缩影——百年重钢史话》，冶金工业出版社 2011 年版

王川平主编：《英雄之城：大轰炸下的重庆》，重庆出版社 2011 年版

潘洵：《抗日战争时期重庆大轰炸研究》，商务印书馆 2013 年版

胡政主编，张后铨著：《汉冶萍公司史》，社会科学文献出版

社 2014 年版

［日］金丸健二摄影：《老照片·长江旧影（1920）》，南京出版社 2014 年版

中国社会科学院近代史研究所编：《海外稀见抗战影像集（五）·大后方的社会生活》，山西人民出版社 2015 年版

［民国］伍联德：《老照片·中华景象（上）》，南京出版社 2015 年版

《重钢记忆》影像志编委会：《重钢记忆》，内部发行，2015 年版

《良友》画报丛书编委会：《民国社会百态》，上海科学技术文献出版社 2015 年版

重庆市政协学习及文史委员会、政协重庆市大渡口区委员会、重钢集团编：《百年重钢·记忆》，重庆出版社 2016 年版

蔡全周：《抗战时期钢铁厂迁建委员会綦江铁矿照片一组》，《民国档案》2016 年第 2 期

刘兴明：《中国首个钢铁重工业——青溪铁厂》，《文史天地》2016 年第 5 期

陶灵：《导淮委员会战时綦江筑坝记》，《红颜春秋》2017 年第 9 期

李海涛：《近代中国钢铁工业发展研究：1840—1927》，苏州大学博士学位论文，2010 年

后记

工业遗产是传承工业精神、保留工业建设年代珍贵记忆的精神富矿。在当今产业转型升级的大趋势下，很多历史渊源深厚的老厂活力不再，有的面临破产、重组。很多老厂房、厂址被废弃，被一些人视作“对城市土地资源的浪费”。于是，很多工业遗址在推土机的轰鸣声中永远消失。然而，对广大产业工人和城市民众而言，高高耸立的厂房和不再轰鸣的机器承载的是几代人的奉献和理想。推土机铲去的不仅是一排排老厂房，更是一段段城市工业文明的根脉，是很多人情感的寄托与精神的维系。

2018 年 1 月，中国科协调宣部主办，中国科协创新战略研究院、中国城市规划学会承办的“中国工业遗产保护名录（第一批）”正式发布，重庆钢厂作为近代亚洲最早、最大的钢铁煤联合企业的延续、作为抗战时期大后方最大的钢铁联合企业、作为新中国钢铁工业基地等，入选其中。

为了更好地传承与弘扬近代中国钢铁创业者坚定不移的爱国情怀与坚忍不拔的奋斗精神，南京出版社组织编纂了“中国工业遗产故事”这套丛书，本书主要由黄河、李婕共同完成。其中，黄河负责本书序言、第一至第十章内容；李婕负责第十一至第十七章内容。我们在编纂过程中参考了大量的著作、档案、报纸杂志和论文等，还从全国报刊索引数据库、大成老旧刊全文数据库等搜集了图片和文字材料。在此，特向相关作者表示感谢，并对未能一一注明出处深表歉意。其中，尤其要向重庆钢铁（集团）有限责任公司及重钢集团档案馆致谢。由重钢集团、重钢集团档案馆等编撰出版的《中国钢铁工业缩影——百年重钢史话》《百年重钢》《重钢记忆》等书籍，为本书的撰写提供了较为珍贵的文字和图片材料。本书得以出版，要特别感谢重钢集团、重钢集团档案馆授权使用上述已出版图书中的材料以及重钢集团所提供的支持和帮助。

囿于编者能力和水平等多方面的限制，本书难免疏漏，敬请专家和读者批评指正。